U0944134

本书得到国家自然科学基金青年项目“地方政府信息公开对企业投资行为的影响及其机制研究”（项目编号：72003159）、教育部人文社会科学研究青年基金项目“地方官员更替对企业避税的影响及其机制研究”（项目编号：16YJC790129）的资助和支持。

地方政府治理与企业行为研究

于文超／著

西南财经大学出版社
四川·成都

图书在版编目(CIP)数据

地方政府治理与企业行为研究/于文超著.—成都:西南财经大学出版社,2021.11
ISBN 978-7-5504-5104-9

Ⅰ.①地… Ⅱ.①于… Ⅲ.①地方政府—行政管理—研究—中国②企业行为—研究—中国 Ⅳ.①D625

中国版本图书馆 CIP 数据核字(2021)第 209632 号

地方政府治理与企业行为研究

于文超 著

策划编辑:何春梅
责任编辑:李 才
助理编辑:吴 强
封面设计:墨创文化
责任印制:朱曼丽

出版发行	西南财经大学出版社(四川省成都市光华村街 55 号)
网 址	http://cbs. swufe. edu. cn
电子邮件	bookcj@ swufe. edu. cn
邮政编码	610074
电 话	028-87353785
照 排	四川胜翔数码印务设计有限公司
印 刷	四川五洲彩印有限责任公司
成品尺寸	170mm×240mm
印 张	8. 75
字 数	171 千字
版 次	2021 年 11 月第 1 版
印 次	2021 年 11 月第 1 次印刷
书 号	ISBN 978-7-5504-5104-9
定 价	58. 00 元

内容提要

地方政府在中国经济增长和转型中充当着重要角色，理解地方政府治理的经济后果，有助于揭示中国经济高速增长所依赖的政治、经济条件和制度基础（周黎安，2017）。党的十九大明确提出：使市场在资源配置中起决定性作用，更好发挥政府作用。党的十九届四中全会对推进国家治理体系和治理能力现代化作出顶层设计和全面部署，明确了“构建职责明确、依法行政的政府治理体系”这一目标。《中华人民共和国国民经济和社会发展第十四个五年规划和2035年远景目标纲要》进一步强调“提升政府经济治理能力”，并从“完善宏观经济治理”“构建一流营商环境”“推进监管能力现代化”三方面展开部署，将其作为构建高水平社会主义市场经济体制的重要组成部分。可见，评估地方政府治理活动的经济后果对于宏观经济政策制定以及社会主义市场经济体制的完善具有现实意义。

英语中的“治理”一词（governance）源于拉丁文和古希腊语，原意是控制、引导和操纵，长期以来与“统治”（government）一词交叉使用，广泛应用于与国家的公共事务相关的管理活动和政治活动之中（顾丽梅，2003）。自20世纪90年代以来，经济学者和政治学者赋予了治理以新的含义。其中，治理理论的主要创始人之一罗西瑙将治理定义为：一系列活动领域里的管理机制，它们虽未得到正式授权，却能有效发挥作用（Rosenau，1995）。全球治理委员会对治理的界定更具权威性和代表性，其将治理定义为：各种规格的公共或私人的个人和机构管理其共同事务的诸种方法之总和……它包括有权强迫人们遵守的正式制度和政体，也包括各种人们同意或认为符合其利益的非正式的制度安排（唐丽萍，2010）。学术界围绕政府治理的内涵进行了富有成效的探讨。现有文献将政治学和经济学关注的政府治理划分为三个层面：广义上的国家治理；中观意义上行政机关对公共事务的治理；狭义上政府对自身的治理（石佑启、杨治坤，2018）。还有研究立足于中国国情和制度，将政府治理界定为：在中国共产党领导下，国家行政体制和治权体系遵循人民民主专政的国体规定性，基于党和人民根本利益一致性，维护社会秩序和安全，供给多种制度规则和基本公共服务，实现和发展公共利益（王浦劬，2014；赵云辉等，2019）。另外，"地方政府治理"概念同样与本书研究主题密切相关。地方政府治理是治理理念在地方公共事务管理中的应用。已有文献立足于地方政府竞争视角，将地方政府治理的内涵界定为：地方政府依托市场组织、公民组织，应对地方的公共问题，不断改进和创新政府治理策略和工具，实现地方的可持续发展（唐丽萍，2010）。综上可知，地方政府治理的内涵是较为丰富的。本书旨在定量评估几类典型的政府治理活动所产生的微观经济效应，主要研究内容具体安排如下：

第 1 章评估税务检查的征税效应及其对企业生产效率的影响。该部分使用世界银行 2012 年中国企业调查数据，考察了税务检查对企业税负水平与生产效率的影响。研究发现，税务检查对企业税负水平存在显著正向影响，这源于税务检查活动产生的"征税效应"和"寻租效应"。同时，在财政创收压力越小、法治环境越好的地区，税务检查与企业税负水平之间的正向关系越弱。进一步的研究表明，税务检查对企业生产效率有显著负向影响，而法治环境改善将显著弱化这一效应。这一研究提供了税务检查活动影响企业发展的微观经验证据，并为当前税收法制化建设提供了有益借鉴。

第 2 章考察税收征管活动对企业融资约束的影响，以及地方政府财政压力在其中的作用。该部分基于世界银行 2012 年中国企业调查数据，研究发现：税收征管活动加剧了企业融资约束，但是法治环境的改善可以减弱这一负面效应；地方政府财政压力越大，则税收征管强度越大。进一步的分析显示：税收征管活动显著恶化了民营企业的融资约束，提高了企业的实际税负水平和寻租支出。上述结论为深入理解税收征管活动对企业经营的影响提供了新的微观证据，也为当前阶段深化税收制度改革、健全地方税体系和规范税收征管活动提供了政策启示。

第 3 章研究银行业竞争度提升对民营上市公司治理结构的影响。该部分利用手工收集的商业银行分支机构信息构建城市层面的银行业竞争指标，基于中国民营上市公司数据，从融资优势的视角探讨民营上市公司金字塔结构的形成机理。研究发现，银行业竞争度提升将弱化民营上市公司构建金字塔结构进行融资的动机，降低民营上市公司所处的金字塔层级。这一结论在控制潜在因素影响、考虑截面异方差与变量内生性、变换关键指标等稳健性检验之后依然成立。进一步的研究表明，银行业竞争有助于降低金字塔层级这一效应对那些获得较少银行贷款、面临较强融资约束的民营上市公司而言更显著。上述结论既为理解金融发展影响经济增长的微观机制提供了薪新证据，也丰富和拓展了中国民营上市公司金字塔结构形成机理的文献研究。

第 4 章检验地方政府人事变更对企业创新决策的影响。该部分利用世界银行 2012 年中国企业调查数据，研究发现：地方政府人事变更越频繁，企业创新概率和创新强度越高，且这一效应对于中小企业以及国有股权比重较低的企业而言更强。然而，过于频繁的地方政府人事变更并非促进企业创新的“良方”。在考虑非线性关系的前提下，企业创新概率以及创新强度随着人事变更频率增加呈现倒“U”形变化，且这一关系主要存在于政府管制较强与法治环境较差的地区。上述研究刻画了宏观治理环境变化下的企业创新决策，为理解地方政府人事变更影响经济发展的具体机制提供了微观证据。

第 5 章考察了经营环境不确定性对民营企业经营活力的影响及其

机制。该部分以2012年全国私营企业调查数据为样本，分析地方政策不确定性和贸易环境不确定性这两种经营环境不确定性对民营企业活力的影响及应对策略。我们基于地方政府人事稳定性测度地方政策不确定性，利用地区贸易依存度的非预期波动测度贸易环境不确定性，使用开工率刻画企业经营活力，研究发现：地方政策不确定性对民营企业活力有显著负向影响。平均而言，样本城市的政策不确定性指数每增加1个标准差（0.35），民营企业开工率会降低1.36个百分点；相比之下，贸易环境不确定性对民营企业活力无显著影响。进一步地，地方政策不确定性对民营企业活力的负向影响随着地区营商环境的改善而减弱，但企业主个人享有的政企关系不能缓解地方政策不确定性的冲击。上述研究表明，市场化、法制化的营商环境是民营企业缓解不确定性冲击、保持经营活力的保障，由此揭示出以国内政策“确定性”应对国际环境“不确定性”的积极意义，并为理解“亲”“清”新型政商关系的重要性提供了经验支持。

综上所述，本书从税务检查、税收征管、银行业竞争度提升、地方政府人事变更、经营环境不确定性等视角，评估了地方政府治理塑造的外部经营环境对企业行为的影响，以期为理解政府影响经济发展的微观机制和持续优化营商环境提供理论和政策借鉴。

目　录

1 税务检查、税负水平与企业生产效率[①]

1.1 引 言

税负是影响企业生产经营的重要因素，也一直是决策层和理论界关心的热点话题。2011年，《福布斯》杂志发布的“税负痛苦指数”显示中国排名全球第二，这引起了媒体和学界的广泛关注与争论。世界银行与国际金融公司最新发布的《2014年全球营商环境报告》指出，在189个经济体中，中国在“缴纳税款”方面（反映企业税负以及缴税过程中的行政负担）的得分仅排名第120位。近年来，中央政府先后实施了小微企业减免税、扩大“营改增”试点范围等一系列结构性减税政策，对优化税制、减轻企业税收负担、提升企业可持续发展能力起到了积极作用。

已有文献从所有权性质、内部控制质量、劳动雇佣、政治关联等角度对企业税负水平的影响因素进行了富有成效的研究（Adhikari et al.，2006；吴联生，2009；李万福、陈晖丽，2012；Wu et al.，2012）。然而，由于微观数据的缺乏，来自税务部门的税务检查活动如何影响企业税负并未得到已有文献的应有关注。根据国家税务总局征收管理司出版的《新税收征收管理法及其实施细则释义》给出的定义，税务检查是税务机关以国家税收法律、行政法规为依据，对纳税人、扣缴义务人履行纳税义务和扣缴义务的情况进行检查和处理工作的总称[②]。从宏观层面看，积极有效的税务检查能严肃税收法纪，营造公平有序的税收征管环境，保障税收收入稳定增长；但对企业而言，以税务检查为代表的税收征管活动可能会产生如下三种影响：

第一，税务检查将规范企业纳税活动，减少企业留存利润，税务检查频度和力度的增加，将会增加企业税收负担，进而产生“征税效应”；第二，在税收征管存在较大自由裁量权的情况下，企业可能会通过非生产性活动减弱税收执法力度，这虽然能降低企业“名义税负”，但可能引起企业非生产性支出和

---

① 原文《税务检查、税负水平与企业生产效率——基于世界银行企业调查数据的经验研究》发表于《经济科学》2015年第2期，本部分进行了小幅调整和修改。

② 资料来源：孙勇．2009年税务稽查查补收入1 192.6亿元［N］．经济日报，2010-02-10（05）。

实际税负的增加，这便是税务检查的“寻租效应”；第三，税收征管将对公司管理层和大股东进行有效监管，进而减少公司代理问题（Desai et al.，2007；曾亚敏、张俊生，2009），而税务检查作为政府税收征管的重要内容①，将规范企业财务活动和生产经营活动，从而产生“治理效应”。

综上所述，税务检查会增加企业税负水平和减少企业生产性资源投入，而税务检查的治理效应却有利于减少企业代理成本。税务检查将对企业经营绩效产生何种影响，既缺乏系统的文献研究，也难以得到直观结论。本章将利用世界银行 2012 年中国企业调查数据考察税务检查对企业税负水平与生产效率的影响。相比于企业会计收益率，生产效率是衡量企业可持续发展能力和长期经营绩效的更准确、客观的评价指标（李捷瑜、江舒韵，2009）。考虑到外部制度环境不仅会直接影响企业税负水平和生产效率，也将影响到税务检查的实施频度和力度，我们将进一步分析比较不同外部环境下，税务检查对企业税负水平和生产效率的影响。

上述研究可能的贡献主要体现在：第一，从税务检查的视角提供了税收征管影响经济发展的微观证据。已有文献考察税收征管的经济效果时，多从宏观层面刻画企业所面临的税收征管强度（曾亚敏、张俊生，2009；叶康涛、刘行，2011；Mironov，2013），忽视了企业异质性对估计结果的影响。我们利用世界银行提供的微观企业调查数据，拓展了税收征管领域的相关研究。第二，通过考察税务检查、外部环境对企业税负和生产效率的交互影响，发现法治环境的改善、地方财政创收压力的降低有利于发挥税务检查对企业发展的积极作用，从而深化了我们对不同外部环境下税务检查活动作用的理解，为当前税收法制化建设和税收征管改革提供了重要借鉴。第三，已有文献多利用上市公司所得税费构造实际税负指标（刘行、叶康涛，2014；刘慧龙、吴联生，2014），但可能会忽略企业在税收征管过程中面临的一些隐形费用和隐形补贴②，而采用企业调查问卷中提供的主观税负感受信息衡量其税负水平，为该领域的相关研究提供了新视角。

本章的结构安排如下：第二部分为理论综述和研究假说；第三部分为研究设计，包括实证模型、变量定义、样本来源和描述性统计；第四部分为实证结果及分析；第五部分为进一步研究，包括稳健性分析和交互影响；最后一部分为结论与启示。

---

① 税收征管是税务机关对税收工作实施管理、征收、检验等活动的总称，因此，税务检查可视为税收征管活动的重要组成部分。

② 国家发改委和税务总局针对我国 5 省所做的一项调查显示，企业税负感受往往与实际税负并不一致（许生，2013）。

1.2 理论综述与研究假说

1.2.1 税务检查与企业税负

作为税收征管的一项重要内容，税务机关的税务检查将规范企业财务活动和生产经营活动，增加企业避税活动的成本，提高企业税负水平。从宏观层面来说，税务检查的频度和力度是衡量政府征税努力的重要指标（周黎安 等，2011），尤其是一些地区在面临较大的征税压力时会对辖区企业违规征收“过头税”和“预缴税”，这无疑会打乱企业正常的生产经营计划，加重企业税收负担。我们将税务检查带来的上述影响视为“征税效应”。进一步地，企业可能会通过开展非生产性活动减弱税务检查力度，这虽然会减轻企业“名义税负”，但却增加了企业的非生产性支出和“实际”税负，这便是税务检查的“寻租效应”。显而易见，无论是税务检查的“征税效应”还是“寻租效应”，都会减少企业留存利润，增加企业税收负担。基于此，我们提出首个研究假说：

假说 1.1：税务检查将显著提升企业税负水平。

地方政府的财政激励一直是理解其行为动机的关键因素之一。《中华人民共和国税收征管法》明确规定地方政府对辖区内的税收征管工作负有领导与协调之责，税务部门的征管工作需要在地方政府的支持和配合下才能顺利完成（刘骏、刘峰，2014）。当地方政府面临较大财政压力时，强化对辖区内企业的税收审计和税收执法无疑成为增加财政收入的重要途径；当地方政府的财政压力较小时，地方政府为了吸引外来资本流入，会通过放松税收监管来实施“税收竞争”（范子英、田彬彬，2013），此时税务检查产生的“征税效应”和“寻租效应”会相应弱化。据此，我们提出如下假说：

假说 1.2：地方政府的财政创收压力越大，税务检查对企业税负水平的正向影响越大。

最近的一系列研究证明，外部制度环境、金融发展水平等是影响企业税负的重要因素。其中，法治环境的改善对税务检查与企业税负之间关系的影响不容忽视。首先，法治环境的改善将提高一个地区的产权保护水平，减少对企业合法权益的侵害，减弱税务检查“寻租效应”对企业税负的影响；其次，法治环境改善往往伴随着法律执行效率和税法遵从度的提高，企业可能存在的逃税漏税行为更少，但税务部门对企业财务资料、经营状况的监督检查也更加严格规范，这将对税务检查的“征税效应”产生正反两方面的影响；再次，放松对辖区企业的税收审计和税收检查是地方政府实施“税收优惠”的重要手段之一

（范子英、田彬彬，2013），法治环境越差的地区越有动机通过“税收优惠”吸引流动性资源的流入。对企业而言，法治环境的改善意味着企业将面临更好的公共服务和更有保障的投资收益，企业也愿意承担更高税负，由此导致的结果是，法治环境越好的地区，税务检查的“征税效应”和“寻租效应”越弱。由此，我们提出两个假说：

假说 1.3a：法治环境越好的地区，税务检查对企业税负水平的正向影响越大；

假说 1.3b：法治环境越好的地区，税务检查对企业税负水平的正向影响越小。

1.2.2 税务检查与企业生产效率

近年来，随着企业避税现象在全球范围内的普遍存在，已有文献对企业避税的影响因素和经济后果进行了深入研究（Desai et al.，2007；马光荣、李力行，2012；Desai and Dharmapala，2009；李维安、徐业坤，2013）。企业税收规避行为不仅会造成国家税源流失，伴随避税行为的税收筹划活动也会加剧企业管理层与股东之间的信息不对称程度，进而增加企业的代理成本。与之相对应，有效的税收征管将显著提升企业经营绩效。Desai et al.（2007）、Mironov（2013）关于俄罗斯的研究证实强有力的税收征管将显著提升企业市场价值；曾亚敏和张俊生（2009）、叶康涛和刘行（2011）的研究也发现税收征管有利于降低上市公司代理成本，提升公司经营业绩。

那么，税务检查将对企业生产效率产生何种影响？正如图 1.1 所示，一方面，税务检查会通过“征税效应”和“寻租效应”增加企业税负，减少企业留存利润与生产性领域的资源投入；另一方面，税务检查作为监督公司运营的重要外部力量，能有效遏制企业管理层与控股股东对公司利益的侵占，这种“治理效应”将减轻企业代理问题，提高企业资源配置效率。可见，税务检查可能对企业生产效率存在正反两方面影响。据此，我们提出如下假说：

假说 1.4a：税务检查将显著降低企业生产效率；

假说 1.4b：税务检查将显著提高企业生产效率。

法治环境对企业生产效率的影响不容忽视。万华林和陈信元（2010）针对中国上市公司的研究发现，法律保护水平越高的地区，企业的非生产性支出越少；陈德球 等（2012）将“企业对法院的信心”视为测度政府质量的重要指标，研究证实政府质量的改善将显著提高企业的资本配置效率；而 Mclean et al.（2012）基于跨国数据的研究也表明，投资者保护法律的完善将显著提高企业的资本配置效率。企业非生产性支出和资本配置效率是决定企业生产效率的重要因素。鉴于此，税务检查与法治环境对企业生产效率的交互影响如何，同样值得深入分析。

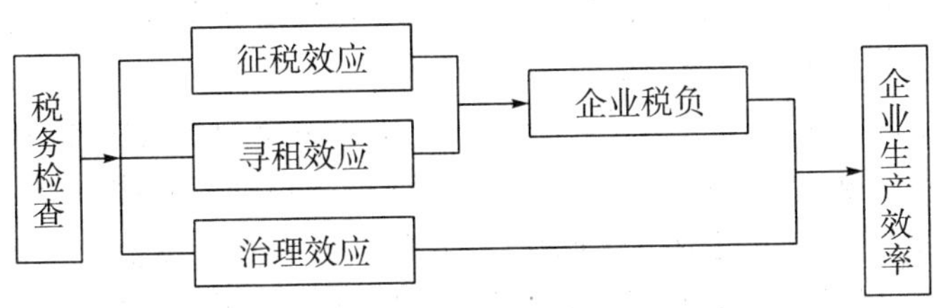

图 1.1 税务检查影响企业生产效率的渠道

1.3 研究设计

1.3.1 实证模型与变量定义

为检验前文研究假说，这里构建如下回归方程：

$$\text{burden}_i = \alpha_0 + \alpha_1\text{check}_i + \alpha_2\text{invint}_i + \alpha_3\text{soe}_i + \alpha_4\text{human}_i + \alpha_5\text{growth}_i + \alpha_6\text{lnage}_i + \alpha_7\text{size}_i + \sum\varphi_j\text{industry}_i + \varepsilon_i \tag{1.1}$$

其中，被解释变量 burden 代表企业税负水平。当企业被问及“税率对企业当前运营形成多大程度的障碍?”时，选项分别为“无障碍”“较小障碍”“一般障碍”“较大障碍”“非常严重障碍”，对应变量 burden 的取值分别为 0、1、2、3、4，取值越大表示企业主观感受到的税负水平越重。解释变量 check 代表税务机关对企业的税务检查，我们从两个维度衡量：“过去一年企业是否有税务官员检查或访问”（check1）、“过去一年税务官员检查企业或与企业高管见面的次数”（check2）。

为了检验假说 1.2、假说 1.3a、假说 1.3b，我们在方程（1.1）中分别加入交叉项 check×fisc、check×law，其中，fisc、law 分别表示企业所在城市的财政创收压力和法治环境质量。财政创收压力 fisc 按如下原则构造：首先计算样本城市的财政收入增长率，然后根据可比性原则，将样本城市中两个直辖市北京、上海与全国平均水平比较，将其他样本城市与其所在省份平均水平比较，如果样本城市的财政收入增长率更高，则 fisc 取值为 0，否则，fisc 取值为 1。财政收入增长是地方政府财政收入目标考核中的关键指标，财政收入增长率相对较低的地区往往具有较大的财政创收压力，因此，fisc 取值为 1，表示地区财政创收压力较大，fisc 取值为 0 表示地区财政创收压力较小。我们将变量 fisc 滞后一期，以表示上一年的财政创收压力将对本年的政府行为产生影响。法治环境质量 law 采用样本企业对当地法院系统的主观评价衡量，当企业被问及“当地法院系统是公平、公正、廉洁的?”时，选项“非常不同意”“倾向于不同意”“倾向于同意”“非常同意”对应的 Law 取值分别为 1、2、3、4，数值越大代表企业认为的法治环境质量越高。

根据已有文献与数据可得性，方程（1.1）还控制了可能影响企业税负的其他因素，主要包括：变量 invint 表示企业存货密集度，并使用存货值（成品、半成品与原材料）与固定资产账面价值（机器、车辆、设备、土地与建筑物）的比值衡量。吴联生（2009）发现存货密集度与企业税负之间存在显著正向关系，而 Derashid and Zhang（2003）发现存货密集度与企业税负不存在正向关系，因此，invint 的系数符号有待检验。变量 soe 代表企业产权性质，与民营企业相比，国有企业与地方政府存在天然而稳固的良好关系，对政府具有更强的游说能力和讨价还价能力，进而获得更加优惠的税率；同时，地方政府需要通过国有企业实现一系列社会性目标，如增加税收、稳定就业、发展经济等，国有企业需要承担较高的税负，因此我们无法预测 soe 的系数符号。变量 human 代表企业的人力资本水平，采用完成中等教育的员工比例衡量，不同地区往往针对人力资本水平较高的高新技术企业实施不同程度的税率优惠政策，因此 human 的系数预期为负。变量 size 代表企业规模，使用企业全日制员工数的自然对数表示。一方面，规模越大的企业会受到公众更广泛的关注，税务机关也会对大企业进行专门的税收监督；另一方面，拥有大量员工的大型企业在和政府讨价还价中更容易获得政府的扶持，其实际税负会更低，因此，公司规模对企业税负的影响有待于实证检验。此外，我们还控制了企业年龄的对数 lnage、2009—2011 年的平均营业增长率 growth 以及所处的二级行业 industry 等企业基本特征。

为考察税务检查与法治环境对企业生产效率的影响，我们进一步构建如下实证方程：

$$\begin{aligned} \mathrm{TFP}_i = {} & \beta_0 + \beta_1 \mathrm{check}_i + \beta_2 \mathrm{regu}_i + \beta_3 \mathrm{finance}_i + \beta_4 \mathrm{human}_i + \\ & \beta_5 \mathrm{export}_i + \beta_6 \mathrm{growth}_i + \beta_7 \mathrm{lnage}_i + \beta_8 \mathrm{size}_i + \sigma_i \end{aligned} \tag{1.2}$$

其中，被解释变量为企业全要素生产率（TFP），这里通过对数化的柯布-道格拉斯方程获得；解释变量 check 为我们所关注的来自政府部门的税务检查。方程控制变量中，regu 表示政府管制水平，使用企业高管为应对政府规则所花费的时间比重衡量；finance 表示企业融资约束，当企业被问及“融资渠道对企业当前运营造成多大程度的障碍”时，答案分别为“无障碍”“较小障碍”“一般障碍”“较大障碍”“非常严重障碍”，finance 对应取值分别为 0、1、2、3、4，取值越大，表示企业面临的融资约束越严重；export 表示样本企业是否为出口企业。变量 human、growth、lnage、size 的定义与方程（1.1）相一致。

这里使用方程（1.3）OLS 估计的残差衡量企业生产效率（TFP），其中，Y

代表企业的产出水平，使用企业当年营业收入衡量；L 代表劳动力投入水平，使用全日制员工数量衡量；K 代表资本投入水平，使用企业当年固定资产（包括机器、车辆、设备、土地和建筑物等）的重置成本衡量；M 代表企业中间产品、原材料、燃料的投入总成本；industry 为二级行业虚拟变量。

$$\ln Y_i = \chi_0 + \chi_1 \ln L_i + \chi_2 \ln K_i + \chi_3 \ln M_i + \sum \gamma_j \text{industry}_j + \mu_i \tag{1.3}$$

1.3.2 样本来源与描述性统计

本部分的研究样本来源于世界银行 2012 年所做的中国企业调查，包括 2 700 家非国有企业与 148 家国有企业。此次调查内容包含样本企业的基本信息、基础设施与服务、销售与供应、竞争环境、土地与许可、创新与科技、犯罪、融资、政企关系、劳动力雇佣、营商环境、绩效等。调查所涉及的区域包括合肥、北京、广州、深圳、佛山、东莞、石家庄、唐山、郑州、洛阳、武汉、南京、无锡、苏州、南通、沈阳、大连、济南、青岛、烟台、上海、成都、杭州、宁波和温州 25 个城市。样本企业通过分层随机抽样方法获取，具有较强的代表性。该项调查包含制造业和服务业两大类企业，由于针对服务业企业的调查未涉及固定资产、流动资产等指标，无法计算这些企业的生产效率，我们未将服务业企业纳入研究样本。由此，得到的原始数据共包含 1 727 个样本企业。

从企业主观税负水平的分布看（如表 1.1 所示），当企业被问及税率对企业运营的阻碍时，回答“无障碍”“较小障碍”的比例分别为 47.30%、24.52%，回答“较大障碍”“非常严重障碍”的比例为 8.02%、1.45%，回答“一般障碍”的比例为 18.71%。由于一些企业的特征信息尤其是存货值、固定资产值存在缺失，我们在基本回归时可用的观测值实际上只有 1 068 个样本[①]。然而，

表 1.1 企业主观税负水平的分布情况

	全样本		基本回归样本	
	样本数	比例（%）	样本数	比例（%）
无障碍	814	47.30	505	47.28
较小障碍	422	24.52	247	23.13
一般障碍	322	18.71	198	18.54
较大障碍	138	8.02	98	9.18
非常严重障碍	25	1.45	20	1.87
合计	1 721	100.00	1 068	100.00

① 基本回归具体指后文表 1.3 第（1）列针对方程（1.1）的估计。

与全样本相比，这 1 068 个样本企业的税负水平分布并没有明显差异，回答“无障碍”“较小障碍”的分别为 47.28%、23.13%，回答“较大障碍”“非常严重障碍”的分别为 9.18%、1.87%，回答“一般障碍”的比例为 18.54%。为了剔除异常值对回归结果的影响，我们对变量 invint、growth 在 1%的水平进行 Winsorize 缩尾处理。考虑到方程（1.1）的被解释变量 burden 的取值为 0 到 4 的离散值，且数值越大表示企业主观感受的税负水平越高，我们将使用 Order Probit 模型检验税务检查对企业税负水平的影响。

表 1.2 报告了主要变量的描述性统计。变量 burden 的离散系数为 1.145，可见不同企业的税负存在较大差异；变量 check1、check2 的均值分别为 0.691、1.718，这说明，有 69.1%的企业会被税务官员检查或访问，而企业当年面临的税务检查次数平均为 1.718 次。变量 invint、finance、regu、growth 的离散系数分别为 2.428、1.058、2.295、3.116，这说明企业在存货密集度、融资约束、营业增长率等方面存在显著差异。变量 export、soe 的均值分别为 0.324、0.054，说明样本企业中有 32.4%的企业为出口企业，5.4%为国有企业。此外，企业年龄（age）、规模（size）等变量的最大值与最小值也存在较大差异。

表 1.2　主要变量的描述性统计

变量	样本数	均值	中位数	标准差	最小值	最大值
burden	1721	0.918	1	1.051	0	4
TFP	1 263	0.000	-0.113	0.616	-2.303	4.335
check1	1 706	0.691	1	0.462	0	1
check2	1 629	1.718	2	1.899	0	30
fisc	1 727	0.642	1	0.480	0	1
law	1 704	2.644	3	0.665	1	4
invint	1 135	1.870	0.449	4.541	0.007	30
finance	1 713	0.823	1	0.871	0	4
regu（%）	1 652	1.297	0	2.977	0	35
human（%）	1 694	50.486	40	28.175	0	100
export	1 727	0.324	0	0.468	0	1
soe	1 727	0.054	0	0.226	0	1
growth	1 645	0.189	0.075	0.589	-0.214	5.056
age	1 683	13.362	11	8.949	1	125
size	1 727	4.477	4.443	1.327	1.609	10.820

1.4 实证结果及分析

1.4.1 税务检查对企业税负的影响

表1.3第（1）、（2）列报告了对方程（1.1）使用Order Probit模型估计的偏回归系数。结果显示，变量check1和check2的系数都为正且在1%的水平上显著，即税务检查对企业税负存在显著正向影响，假说1.1成立。进一步关注控制变量的系数。变量invint的系数并不显著，说明存货密集度与企业税负之间的关系并不显著，可见与固定资产、存货有关的税收激励政策并未对样本企业的税负产生实际影响。human的系数为负且在1%的水平显著，说明人力资本水平越高的企业，其税负水平会更低，这可能源于人力资本水平较高的高新技术企业会享受到不同程度的税收优惠政策。变量soe的系数显著为负，说明国有企业（主观感受）的税负水平明显低于非国有企业。可见，国有企业与地方政府存在天然而稳固的联系，在纳税方面有着更强的谈判能力和“讨价还价”能力，同时享有一系列优惠政策性资源。企业规模size的系数为正但不显著，这可能源于，规模较大的企业既面临较多的税收监管，也具备更强的与政府讨价还价的能力，两种效应相互抵消导致规模对企业税负的影响不显著。进一步地，growth的系数为负但并不显著，这说明成长性较高的企业因获得政府支持而享有一定程度的税率优惠，但这一效应并不明显。lnage的系数为正但不显著，没有证据表明企业年龄是影响企业税负水平的重要因素。

为了解释的方便，表1.3第（3）列至第（7）列进一步报告了各变量对企业税负水平的边际概率影响（边际效果）。如果样本企业面临的税务检查次数check2增加一个标准差（1.899），能使企业感到税率对企业运营“无障碍”的概率降低9.3%，使企业感到“较小障碍”“一般障碍”“较大障碍”“非常严重障碍”的概率分别增加1.52%、3.99%、3.04%、0.76%[①]左右。如果样本企业的人力资本水平human增加一个标准差（28.175），能使企业感到税率对企业运营“无障碍”的概率增加5.64%，使企业感到“较小障碍”“一般障碍”“较大障碍”“非常严重障碍”的概率分别降低1.13%、2.82%、2.25%、0.56%左右。国有企业感到税率对企业运营“无障碍”的概率比非国有企业高43.2%，国有企业感到“较小障碍”“一般障碍”“较大障碍”“非常严重障碍”的概率比非国有企业低16.6%、17.1%、8.2%、1.4%左右。

---

① 具体计算方法为变量check2的一个标准差（1.899）分别乘以表1.3第（3）列至第（7）列中变量check2的估计系数。企业人力资本水平的边际效应按照类似方法计算。

表 1.3　税务检查与企业税负水平（Order Probit）

	被解释变量 burden						
	回归系数		边际效果				
			无障碍	较小障碍	一般障碍	较大障碍	严重障碍
	（1）	（2）	（3）	（4）	（5）	（6）	（7）
check1	0.384***						
	（0.081）						
check2		0.122***	−0.049***	0.008***	0.021***	0.016***	0.004***
		（0.041）	（0.017）	（0.003）	（0.008）	（0.005）	（0.001）
invint	−0.008	−0.006	0.002	−0.000 4	−0.001	−0.000 7	−0.000 2
	（0.009）	（0.008）	（0.003）	（0.000 6）	（0.001）	（0.001）	（0.000 3）
human	−0.007***	−0.006***	0.002***	−0.000 4***	−0.001***	−0.000 8***	−0.000 2***
	（0.001）	（0.001）	（0.001）	（0.000 1）	（0.000 3）	（0.000 2）	（0.000 06）
soe	−1.224***	−1.289***	0.432***	−0.166***	−0.171***	−0.082***	−0.014***
	（0.201）	（0.195）	（0.043）	（0.027）	（0.016）	（0.009）	（0.004）
growth	−0.040	−0.059	0.023	−0.004	−0.010	−0.007	−0.002
	（0.053）	（0.055）	（0.022）	（0.004）	（0.010）	（0.007）	（0.002）
lnage	0.096	0.084	−0.033	0.006	0.015	0.011	0.002
	（0.078）	（0.078）	（0.031）	（0.005）	（0.014）	（0.010）	（0.002）
size	0.026	0.014	−0.006	0.001	0.002	0.002	0.000 4
	（0.029）	（0.031）	（0.012）	（0.002）	（0.005）	（0.004）	（0.000 9）
行业	Yes	Yes	Yes	Yes	Yes	Yes	Yes
观测值	1 068	1 048					

注：***、**、*分别代表 1%、5%、10%显著性水平，括号中给出了经过 White-robust 调整的稳健标准误。

1.4.2　税务检查对企业生产效率的影响

前文分析表明，税务检查将显著增加企业税负水平，那么，税务检查会由此损害企业生产效率吗？我们将做出实证分析。

表 1.4 的 OLS 回归结果显示，变量 check1、check2 的系数都在 5%的水平上显著为负，说明税务检查与企业生产效率之间存在显著的负向关系，即说明假说 1.4a 成立。尽管税务检查产生的“治理效应”将有效减轻企业代理成本和提高企业运营效率，但税务检查产生的“征税效应”和“寻租效应”将增加企业

税负，减少企业的可留存利润以及生产性资源的投入，进而降低企业生产效率，总体而言，税务检查的"征税效应"和"寻租效应"明显大于"治理效应"。

表 1.4　税务检查与企业生产效率（OLS）

	被解释变量 TFP	
	（1）	（2）
check1	-0.089***	
	(0.040)	
check2		-0.023***
		(0.010)
regu	0.001	0.002
	(0.006)	(0.007)
finance	-0.037*	-0.041***
	(0.021)	(0.021)
human	0.003***	0.003***
	(0.001)	(0.001)
export	0.023	0.019
	(0.039)	(0.039)
growth	0.235***	0.236***
	(0.070)	(0.071)
lnage	0.072*	0.074*
	(0.038)	(0.038)
size	-0.005	-0.003
	(0.018)	(0.018)
截距项	-0.239***	-0.267***
	(0.118)	(0.120)
观测值	1 159	1 149
R^2	0.082	0.082

注：***、**、* 分别代表 1%、5%、10%显著性水平，括号中给出了经过 White-robust 调整的稳健标准误。

继续关注控制变量的系数。变量 regu 的系数为正但不显著，说明政府管制水平对企业生产效率不存在显著影响。产生这一结果的原因为：一方面，政府管制水平越高，企业向政府部门"寻租"的机会和空间越多，进而会挤占企业的生产性支出；另一方面，企业高管为应对政府规则所花费的时间越多，企业越可能与政府构建起更紧密的沟通渠道和联系机制，这会帮助企业获取更优惠的政策性资源，上述两种效应相互抵消导致变量 regu 的系数不显著。变量 finance 的系数显著为负，可见较少的融资约束会提升企业生产效率，这一发现与 Butler and Cornaggia（2011）的发现相一致。变量 human 的系数为正且在 1%的水平上显著，这说明人力资本水平与企业生产效率显著正相关，这可能源于，人力资本水平越高的企业往往具有先进的生产技术和管理理念，因而具有较高生产效率。export 的系数为正但不显著，没有经验证据表明出口企业比非出口企业具有更高的生产效率。growth 的系数在 1%水平上显著为正，即企业成长性与企业绩效之间存在显著正向关系，这与申慧慧 等（2012）的发现相一致。lnage 的系数在 10%的水平上显著为正，说明企业年龄与生产效率之间存在显著正向关系，这可能因为成熟的企业往往具有更完善的公司治理机制和先进的管理理念，进而提高了企业生产效率。size 的系数为负但不显著，由此可见，企业规模对生产效率并不存在显著影响。

1.5 进一步研究

1.5.1 税务检查影响企业税负和生产效率的稳健性分析

需要指出的是，方程（1.1）、（1.2）中都存在一些难以准确衡量的因素会同时影响税务检查强度和企业税负（生产效率），例如企业政治关联。已有文献发现，政治关联产生的“政府偏袒效应”和“产权保护效应”将对企业税负水平和生产效率产生影响（于文超、何勤英，2012；罗党论、杨玉萍，2013），因此，忽视政治关联的影响将使方程估计产生内生性偏误。使用工具变量进行两阶段最小二乘估计（2SLS），将有效减少回归方程的内生性偏误。延续既有文献的研究思路，我们使用城市其他样本企业面临的税务检查力度的平均值（check_iv）及其平方（check_iv^2）作为税务检查的工具变量。设企业 i 所处的城市为 c，企业 j 为城市 c 中其他样本企业，N_c 表示企业 i 所在城市 c 的样本企业数目，check_iv 的具体构造方式如方程（1.4）所示。

$$\text{check\_iv}_i = \sum_{j \neq i} \text{check}_{jc} / (N_c - 1) \tag{1.4}$$

表 1.5 第（1）、（2）列的结果显示，check1、check2 的系数在 1%的水平上显著为正；而第（3）、（4）列的结果显示，check1、check2 的系数在 5%的水平上显著为负。这说明，即使考虑到变量内生性可能引致的估计偏误，前文

主要结论依然成立，变量内生性未给本章的估计结果带来实质性影响。

表 1.5 考虑变量内生性的影响（2SLS）

	被解释变量 burden		被解释变量 TFP	
	（1）	（2）	（3）	（4）
check1	1.544***		-0.201***	
	（0.174）		（0.090）	
check2		0.559***		-0.072***
		（0.099）		（0.036）
方程控制变量	Yes	Yes	Yes	Yes
行业	Yes	Yes	Yes	Yes
centered R^2	-0.124	-0.426	0.075	0.059
观测值	1 068	1 048	1 159	1 149
识别不足检验	168.549***	45.514***	195.638***	56.776***
弱工具变量检验	133.164	69.616	131.339	36.857
过度识别检验	2.273		0.212	1.768

注：＊＊＊、＊＊、＊分别代表 1%、5%、10%的显著性水平，小括号中给出了经过 White-robust 调整的稳健标准误；识别不足检验给出的是 LM 统计量，弱工具变量检验给出的是 Cragg-Donald Wald F 值，过度识别检验给出的是 Hansen J 统计量；表 1.5 第（2）列使用两个工具变量（check_iv、check_iv^2）进行 2SLS 估计不能通过过度识别检验，因此，本章仅使用一个工具变量（check_iv），无须进行过度识别检验。

1.5.2 税务检查与外部环境对税收负担的交互影响

为考察税务检查与财政创收压力、税务检查与法治环境对企业税负的交互影响，我们进一步在方程（1.1）的基础上加入交叉项。表 1.6 第（1）、（2）列的结果表明，交叉项 check1×fisc 的系数虽不显著但依然为正，交叉项 check2×fisc 的系数在 1%的水平上显著为正。这说明，在财政创收压力越大的地区，税务机关面临较大的税收压力，税务检查的“征税效应”和“寻租效应”会相应加强，税务检查对企业税负的正向作用将更大，这一结论印证了假说 1.2。表 1.6 第（3）、（4）列的结果显示，交叉项 check1×law、check2×law 的系数为负且都在 5%的水平上显著。这表明，法治环境越好的地区，税务检查对企业税负的正向作用越弱，这印证了假说 1.3b。法治环境的改善不仅会减少企业潜在的偷税漏税行为，更能提高地区产权保护水平，减弱税务检查的“寻租效应”对企业税负产生的正向影响。

表 1.6　税负检查、企业外部环境与税负水平（Order Probit）

	被解释变量 burden			
	(1)	(2)	(3)	(4)
check1	0. 444***		1. 118***	
	(0. 103)		(0. 319)	
check2		0. 059		0. 383***
		(0. 044)		(0. 086)
check1×fisc	0. 129			
	(0. 162)			
check2×fisc		0. 157***		
		(0. 054)		
check1×law			−0. 272***	
			(0. 122)	
check2×law				−0. 094***
				(0. 037)
fisc	0. 036	−0. 137		
	(0. 139)	(0. 124)		
law			−0. 046	−0. 043
			(0. 103)	(0. 088)
方程控制变量	Yes	Yes	Yes	Yes
行业	Yes	Yes	Yes	Yes
观测值	1 068	1 048	1 064	1 044
对数似然比	−1 315. 96	−1 272. 77	−1 300. 64	−1 267. 44

注：＊＊＊、＊＊、＊分别代表 1%、5%、10%显著性水平，括号中给出了经过 White-robust 调整的稳健标准误。

1.5.3　税务检查与法治环境对企业生产效率的交互影响

我们在方程（1.2）中加入交叉项 check1×law、check2×law，进而考察税务检查与法治环境对企业生产效率的交互影响。考虑到变量 check1（check2）、law 与交叉项 check1×law（check2×law）之间相关较大，我们对两个变量进行中心化处理，然后再相乘，这一处理使每个变量的方差膨胀因子（VIF）值不超过 3。表 1.7 结果显示，交叉项 check1×law、check2×law 在 1%的水平上显著为正，这说明，法治环境的改善将显著弱化税务检查对企业生产效率的负面影响。这一发现与假说 1.3b 背后的经济学逻辑是一致的，法治环境的改善会弱化税务检查产生的“征税效应”和“寻租效应”，进而弱化税务检查对企业生产效率产生的负面影响；同时，法治环境越好的地区，税务检查能够发挥更加有效的治理效应，这会进一步弱化税务检查对企业生产效率的负面影响。

表 1.7 税务检查、法治环境和企业生产效率（OLS）

	被解释变量 TFP	
	(1)	(2)
check1	-0.065	
	(0.040)	
check2		-0.028***
		(0.009)
check1×law	0.149***	
	(0.054)	
check2×law		0.056***
		(0.015)
law	-0.040	-0.038
	(0.026)	(0.027)
方程控制变量	Yes	Yes
截距项	-0.158	-0.184
	(0.126)	(0.127)
观测值	1 156	1 146
R^2	0.089	0.094

注：***、**、*分别代表1%、5%、10%显著性水平，括号中给出了经过White-robust 调整的稳健标准误。

1.6 结论与启示

近年来，考察税收征管的企业治理作用一直是公司金融领域的热点话题，本书从税务检查的视角丰富了税收征管领域的相关文献。利用世界银行 2012 年针对中国 25 个城市的企业调查数据，我们考察了税务检查对企业税负水平以及生产效率的影响。研究发现：①税务检查将显著增加企业税负水平；②财政创收压力越小、法治环境越好的地区，税务检查对企业税负的正向作用越弱；③税务检查将损害企业生产效率，但在法治环境越好的地区，这一效应越弱。

由于税收意味着政府对企业留存利润的“强制性”分享，税务检查不可避免地会减少企业留存利润和生产性资源投入，但地方财政创收压力与法治环境的不完善，可能会放大税务检查对企业发展的负面影响，抑制税务检查应有的积极效应。产生这一现象的重要根源在于税收征管环节存在的“巨大空间”。因此，明确界定日常调查核实、纳税评估、税务稽查等不同税收检查形式的定义和适用范围，完善各种形式税收检查的法定程序，建立相应的工作标准和流程，不仅能减少税务检查随意性，增强税务检查合规性，发挥税务检查在严肃税收法纪、营造公平有序税收环境中的积极作用，对于推进当前税收法制化建设和税收征管改革也具有重要意义。

值得注意的是，税务检查形式和目的的不同，决定了既有以打击偷税漏税为目的的税务稽查，也有以纳税辅导为具体内容，以促进税法遵从、构建和谐征纳关系为目标的日常调查核实。显而易见，不同形式和内容的税务检查所产生的经济效果存在显著区别。然而，由于研究数据的限制，本书未能对这种区别做出深入考察。在尝试获取后续数据的基础上，我们将对上述问题做出进一步完善。

2 税收征管、财政压力与企业融资约束[①]

2.1 引言

近年来，中国经济进入新常态，GDP 增长速度放缓，人工成本增加，原材料价格上涨，国外订单大幅减少，越来越多的企业，特别是中小型企业的经营受到很大影响，营商环境中的各种制度性问题也变得突出起来。税收负担是企业所面临的营商环境中的重要一部分，企业税负高低问题是社会的热点问题。"中国民营企业税务问题研究"课题组 2016 年针对 113 家民营企业的调查表明，有 87%的受访企业认为税收负担很重和较重，认为较轻和很轻的仅占 1%，调查报告提出的"死亡税率"一词更是引发了理论界和媒体的广泛讨论[②]。新闻媒体上的"曹德旺投资美国""苏州希捷撤资关厂""中美税务战"等与企业税负相关的报道更引起公众的广泛关注。一方面，世界银行调查各国企业经营者主观感受所得到的"企业营商环境调查"显示，2016 年中国在"缴纳税款"方面得分仅排名 189 个经济体中的 127 位，在 2017 年该排名更是下降到 131 位。另一方面，中国大口径宏观税负（政府全部收入占 GDP 比重）在 2012—2015 年接近 30%，不但明显低于发达国家 42.8%的平均水平，甚至也低于发展中国家 33.4%的平均水平[③]。而且，中央政府一直将降低企业税负作为深化供给侧结构性改革的重要内容，2017 年 4 月，国务院推出六大减税措施，预计减轻各类市场主体税负 3 800 多亿元。这说明，中国名义税负较低，但是企业实际感受到的税负较高。

现行税制在初始制度设计上就预留了巨大的"征管空间"（高培勇，2006），而税务机关及其工作人员在税收征管环节掌握着一定的自由裁量权

① 原文《税收征管、财政压力与企业融资约束》发表于《中国工业经济》2018 年第 1 期，本部分进行了小幅调整和修改。

② 资料来源：冯兴元. 民企税负到底重不重？［EB/OL］.（2016-12-28）. https：//news. caijing-mobile. com/article/detail/300278。

③ 资料来源：李万甫. "死亡税率"引发的税负问题思考［N］. 中国税务报，2016-12-23（01）。

（Lipsky，1977；韩志明，2008），具有征管弹性，从而影响着企业所感知的实际税负。从税务认定、涉税申请到纳税评估、税务处罚，税收的自由裁量权基本存在于税收工作的每一个环节。在日常工作中，基层税务机关面临着自上而下设定的税收计划指标的压力，因此有时在完成税收任务后，采取消极征税政策，这时企业实际税负较低；有时则层层加码，加大税收努力，以完成既定税收任务，这时企业实际税负增加（吕冰洋、郭庆旺，2011）。这种人为调节税收收入的现象体现了自由裁量权对企业税负的影响①。税务征收活动对于企业经营的影响不止于资金的转移，如果其过程规范性不足，则过程本身就对企业施加压力，带来困扰②。例如，笔者调研广东省部分企业时了解到，基层税务人员前往企业进行仔细的实地核查时，如果遇上前来洽谈的客商，则会对企业信誉产生直接的负面影响。纳税稽查、反避税等工作都涉及企业与税务部门的讨价还价，具有较高的交易成本。有时基层税务人员还会控制抵扣进度，比如，要求纳税人提高预缴税额或故意延期缴纳税款等，这会对企业资金成本带来影响。总体而言，上述现象增加了企业的税收遵从成本，造成了“行政负担”（Moynihan et al.，2015）。

税收任务背后，不能忽视各级地方政府的重要影响。地税部门自不待言，即使就垂直管理的国税部门而言，由于共享税的存在，国税系统组织的税收收入也是地方收入的重要组成部分。因此，各级地方政府编制年度预算时，也会对当地国税局下达地方级的、常常与国税系统内部任务不一致的税收任务，而由于各地国税局在日常工作中需要地方政府提供支持，也将尽力完成地方政府下达的税收任务。因此，研究税收征管活动对企业经营活动的影响，以及考察地方政府财政压力在其中所发挥的作用，不仅有助于理解企业实际税负与名义税负的差异，也为改进财税制度、规范政府行为、构建健康的企业营商环境提供政策启示。

直观上看，税收作为政府对企业利润的“强制性”分享，会减少企业留存收益和现金流，减弱企业内部融资能力，增加其外部融资需求和融资成本③，因此税收征管活动会产生“征税效应”。而且，这种效应往往逆经济周期变化，

---

① 人为调节税收收入现象相当普遍，审计署2011年发布的《2011年第34号：国家税务局系统税收征管情况审计结果》显示，2009—2010年，有15个省区市62家国税局违规少征287户企业税款263亿元，而有9个省区市103家国税局向397户企业违规提前多征33.57亿元。

② 有文献发现，很多非税费用的数额不大，但是其征收过程也会给企业带来较大困扰，如残疾人就业保障基金和中介机构收取的各项检测费、社会公益类收费等（刘蓉 等，2017）。更一般而言，不规范的市场监管活动对于企业经营也是一种困扰，所以“双随机抽查”成为商事制度改革和“放管服”改革中的重要环节。

③ 根据Myers and Majluf（1984）提出的“优序融资理论”，由于企业内部与外部市场信息不对称导致的外部融资溢价，企业内部融资成本最低也最为方便，而企业外部融资成本要明显高于内部融资成本。

即在经济下行压力增大时，税务部门为完成预先制定的税收任务，在征管环节会采取各种正式和非正式的手段增收促收，给企业施加过高的税负，对企业融资的负面影响更大。融资是决定企业最优生产能力和发展规模实现的关键环节之一，而是否遭遇融资障碍也是对企业经营情况是否健康的一种度量：在市场经济环境下，一个健康的能够产生现金流的企业更不容易遇到融资问题。现阶段中国中小企业普遍面临着融资难、融资贵的困境，有效降低企业融资成本已成为当前宏观经济政策的一项重要内容①。尤其是在宏观经济受到负向冲击时，企业融资困境加剧，现金流断裂的风险会直接在短期内加剧企业破产风险，"现金为王"成为企业奉行和倚重的经营法则（张会丽、吴有红，2012）。税收征管活动由于减弱了企业内部融资能力，加剧了融资约束，与企业经营活动之间的矛盾也更加突出。

本书利用世界银行 2012 年中国企业调查数据，以企业"是否接受税务检查"以及"接受税务检查的次数"刻画税收征管活动强度，实证考察税收征管活动对企业融资约束的影响及其机制。研究表明，税收征管活动显著加剧了企业所面临的融资约束。深入考察发现，税收征管活动对企业融资约束的影响与企业所有制形式有关，其主要作用于民营企业，对于国有企业来说这种影响不显著。我们在稳健性分析中还考察了税收征管活动对于不同行业、不同规模的企业的影响，并发现税收征管活动显著提高了企业的主观税负水平和寻租支出，这可以视为税收征管影响企业融资约束的具体机制。此外，研究还发现良好的地方法治环境可以规范税务部门的征管活动，从而降低企业实际税负，并缓解税收征管活动对企业融资活动的负面影响。另外，地方政府所面临的财政压力与税收征管活动强度密切相关。与本书接近的文献有：陈晓光（2016）基于区域而非企业层面的数据提供了政府税收征管影响企业税负的证据，于文超等（2015）考察了税收征管活动对于企业生产效率的影响，但是并未考察融资活动层面，也没有评估税收征管活动的传导机制；相比之下，我们将税收征管活动与企业主观税负的关系作为影响机制纳入研究框架，着重关注税收征管活动对企业融资活动的影响，并且提供了地方政府财政压力直接影响税务部门税收征管活动的证据，以期为全面评估税收征管的经济效应提供一个有益视角。

值得一提的是，税收对企业经营活动的影响一直受到公司金融文献的密切关注，国外学者针对税收如何影响企业股利分配、兼并重组、薪酬政策、投资决策等行为进行了深入研究（Graham，2003；Devereux et al.，2008；Davies and Eckel，2010）。国内文献则大多基于中国特殊的财税体制考察税收对企业不同方面决策的影响，例如，许多论文研究了 2008 年企业所得税改革引起的税率变

---

① 2015 年中央经济工作会议把"降成本"作为结构性改革的五大任务之一，而降低企业融资成本被视为"降成本"任务的重要一环。

化对工资跨期转移、债务比重与避税活动的影响（王跃堂 等，2010；毛程连、吉黎，2014；王亮亮、王娜，2015）。近年来，越来越多的文献开始关注税收征管活动的经济效应，发现强有力的税收征管将规范企业纳税行为，抑制企业避税活动（陈晓光，2016；Li et al.，2019），并在宏观层面增加政府税收收入（周黎安 等，2011；吕冰洋、樊勇，2006）。税收征管还能规范上市公司的经营，如减少代理成本、抑制盈余管理、获取债务融资等（曾亚敏、张俊生，2009；叶康涛、刘行，2011；潘越 等，2013），对企业融资产生正面的“治理效应”。这些文献大多关注宏观层面的税收征管强度，忽视了企业异质性的影响，且税收征管的“治理效应”主要影响企业外部融资环境；相比之下，我们通过构建企业层面的税收征管信息，更注重税收征管的“征税效应”对企业内部融资的影响。

本章的贡献主要体现在两方面：第一，揭示了税收征管活动影响企业经营行为的新机制。不同于以往文献多关注税收征管活动的“治理效应”，本章以企业融资约束作为切入点，利用企业微观层面的税务检查信息刻画税收征管活动强度，为评估考察税收征管活动的“征税效应”提供了微观证据。第二，研究结论为理解地方政府基于财政压力影响企业层面的税收征管活动提供了实证支持，也为改革地方政府预算体制、规范税务部门的税收征管活动，从而促进企业发展提供政策借鉴。

2.2 理论综述与研究假说

在中国目前的税收征管体系下，虽然各税种的法定税率往往由中央政府统一确定，地方政府缺乏制定税率的法定权限，但是各级地方政府对税收征管工作负有领导与协调之责，可以通过下达地方级税收任务的方式向国税和地税部门施加压力，层层加码，获取更高的财政收入①。具体而言，当前的地方政府承担了大量的基础设施建设、社会民生等事务，面临着政绩竞争，大量需求财政资金，有着不断扩大财政收入的热情。而且，税收作为上级的考核目标之一，对于地方官员的升迁也产生着影响（LÜ and Landry，2014）。因此，地方政府下达的税收计划往往是“以支定收”，经常制定高增长的税收任务。面对税收任务的压力，税务部门也难以坚持“应收尽收”原则，会采用各种正式和非正式

① 例如，有研究指出即使对于增值税这一主要由国税负责征管的税种而言，地方政府既可以与国税部门负责人协调，放松监管，也可以协调国税部门采用“预缴税”或者“延期缴纳”的方式人为调整企业的增值税负担，或者通过高新技术企业认定等方式干预增值税征收（田彬彬 等，2020）。

的手段增收促收。正式的手段包括纳税评估、开展反避税工作、在税务稽查中通过扩大选案范围和加快查处速度等。非正式手段则包括基层税务人员更加频繁地约谈企业、控制抵扣进度、调节税款入库时间等。因此，税务部门在税收征管活动中拥有相当的弹性空间，这种权力的使用影响着企业的经营。

总体而言，税收征管活动的“征税效应”影响企业融资约束的理论机制体现在两方面：一方面，税收征管会抑制企业潜在的避税活动。据国家税务总局统计，2013 年的全国税务稽查共检查纳税人 17.70 万户，查补收入 1 234 亿元，占当年税收收入的 1.12%①。Li et al.（2019）基于中国企业数据的研究也表明，经历过政府税收审计的企业其有效税率会明显提升。抑制企业避税是严肃税收法纪、促进税收公平的重要体现，但是，在中国金融市场不甚完善的背景下，中小企业获取外部融资困难重重，通过避税活动增加留存收益和现金流成为企业开展内源融资、缓解融资约束、应对外部风险的有效途径之一（陈德球等，2016；刘行、叶康涛，2014；胡晓 等，2017）。税收征管会抑制企业避税，提高企业外部融资需求和融资成本（Lim，2011）。另一方面，即使纳税较为规范的企业，在税收征管活动面前也不得不承担更高的税负，从而导致经营成本增加。由于中国的法治环境尚不健全，在税收征管活动中，企业除了缴纳显性“税”“费”之外，还需要支付一系列隐形费用，如税务部门的罚款和摊派、税务部门“吃拿卡要”的腐败成本、企业为应对检查付出的人员时间成本等，这些非生产性活动都将增加企业经营成本。基层税务人员的约谈和实地核查还可能给企业带来信誉的负面影响，从而迫使企业选择自查补税。而且，当地方经济下滑时，税务部门为完成既定税收目标可能促使企业缴纳“过头税”或预缴未来税收②，甚至以“查税”“罚没”的方式获取非税收入，使企业雪上加霜，损害企业融资能力。据统计，2012 年前三季度地方非税收入累计达 10 344 亿元，同比增长 27.80%，而全国税收收入增幅则比 2011 年同期大幅度回落 18.80%。一些地方甚至将罚没收入作为遏制财政收入下滑的稳定增长点和突破点③。彭飞 等（2020）基于 2006—2016 年中国私营企业调查数据的研究表明，在“营改增”过程中，获得减税支持的传统增值税行业，其非税负担显著增加，表现出“按下葫芦浮起瓢”的跷跷板效应。

综上所述，税收征管的“征税效应”将挤占企业留存收益和现金流，减弱企业内部融资能力，增加企业融资成本和融资困难，而这种困难对于缺乏足够

① 资料来源：堵住千亿税收漏洞：税务总局详解堵漏增收五大举措［N］．中国信息报，2014-02-26（01）。

② 资料来源：谭浩俊．地方收“过头税”是竭泽而渔［N］．中华工商时报，2016-04-22（03）。

③ 资料来源：中国网．警惕非税收入抵消减税成效［EB/OL］．http：//opinion．china．com．cn/opinion_ 7_ 57307．html。

外部融资渠道的民营企业、中小企业而言可能更加严重。基于此，我们的第一个假说认为，税收征管活动对于企业的融资活动起了负面作用。

假说 2.1：税收征管活动所产生的“征税效应”将加剧企业融资约束。

税收征管活动的“征税效应”受到法治环境的调节作用。法治环境作为企业营商环境的重要组成部分，主要通过影响企业避税活动和税务部门征管活动两个途径影响“征税效应”。就企业避税活动而言：第一，法治环境的改善提高了避税的机会成本。在法治环境较好的地区，税收执法更加严格，企业避税活动被查处的可能性更高，面临更严厉的税收处罚和更高的声誉损失，这会提高企业纳税遵从度；第二，法治环境的改善减少了避税活动的边际收益，良好的法治环境通过提升金融契约执行效率、减少借贷双方的信息不对称而缓解企业融资约束（Leuz et al.，2003；于文超、何勤英，2013），企业通过避税缓解自身融资约束的动机将减弱；第三，在法治环境不完善的地区，地方政府可能通过放松税收征管、提供税收优惠的方式吸引投资或留住企业（刘慧龙、吴联生，2014），这为企业避税活动提供了“可乘之机”；而法治环境较好的地区，企业避税空间将受到明显“压缩”。因此，在法治环境越好的地区，企业避税活动越少，税收征管活动通过抑制避税加剧企业融资约束的效应将弱化。

更为重要的是，在法治环境较好的地区，政府权力边界更加明确，政府行为更加规范。这能遏制税务部门的违规征税行为，并且减少企业营商环境的不确定性风险，弱化企业开展非生产性活动的动机。因此这些地区的企业在面临税收征管活动时，企业的“隐形费用”会显著减少。税收征管活动的规范化有助于弱化企业融资约束。结合上述两方面分析，我们提出第二个假说：

假说 2.2：在法治环境较好的地区，税收征管对企业融资约束的影响更弱。

中国税种和名义税率虽然相对统一，但不同地区的税收征管强度和税收执法力度存在明显差异。在财政分权背景下，财政盈余状况作为地方政府关心的一项重要目标，无疑会影响税收征管活动。因为良好的财政盈余状况既是政府提供必要公共服务（如医疗、教育、环境保护）、改善民生、维护社会和谐稳定的前提条件，亦是政府改善地区投资环境（如完善的基础设施）、吸引稀缺性资源流入的重要保障。因此，相关实证研究也将地方财政盈余状况视为地方政府政绩的重要组成部分（钱先航 等，2011；逯东 等，2014）。财政盈余状况直接影响地方政府制定的税收计划，而强化辖区内企业的税收审计和税收执法是税务部门完成既定税收计划的重要手段。如陈晓光（2016）发现 2005 年全国农业税取消带来的地方财政压力增加，促使地方政府加强税收征管，进而提高了辖区企业的税收负担。

值得注意的是，地方政府为提升财政盈余水平而加强税收征管这一逻辑从理论上易于理解，但在经验识别上却存在一定困难。这是因为，地区财政盈余水平往往使用财政收支缺口衡量，而地区税收征管强度往往通过非预期税收收入刻画（曾亚敏、张俊生，2009；叶康涛、刘行，2011；潘越 等，2013），这两个指标构建上存在较强关联性；同时，财政盈余水平提升可能是税收征管加强的结果而非原因。为准确识别财政盈余与税收征管之间的因果关系，本章利用世界银行 2012 年提供的企业层面税务检查信息，考察此前一年地方财政盈余水平对企业当年面临的税收征管强度的影响。综合上述分析，这里提出第三个研究假说：

假说 2.3：此前一年地方财政盈余水平越低，企业当年面临的税收征管活动强度越高。

2.3 研究设计

2.3.1 数据来源

本章的研究样本与第 1 章样本来源相同，来源于世界银行在 2011 年 12 月至 2013 年 2 月进行的中国企业调查，包含 2 700 家民营企业和 148 家国有企业，共 2 848 家企业。从行业分布上看，共涉及制造业、服务业两大类行业。调查内容包含企业经营环境和财务绩效两大部分，具体包含企业 2011 年的基本信息、基础设施与服务、销售与供应、竞争环境、土地与许可、创新与科技、犯罪、融资、政企关系、劳动力雇佣、绩效等方面内容。调查所涉及的区域覆盖中国东、中、西三大区域的 25 个主要城市，包含北京、上海两个直辖市。样本企业通过分层随机抽样方法获取，具有较高准确性和较强代表性。为了保证问卷数据的真实可靠，世界银行还在问卷结束之后对 1 119 家企业进行了电话回访。另外，城市层面数据来自对应年份的《中国城市统计年鉴》《中国区域经济统计年鉴》等。

2.3.2 模型设定

为了检验税收征管对企业融资约束的影响，我们构建如下回归方程：

$$\text{atf}_i = \alpha_1 \text{tm}_i + \alpha_2 \text{control}_i + \sum \varphi_j \text{industry}_j + \varepsilon_i \tag{2.1}$$

其中，被解释变量 atf 描述企业融资约束。在已有文献中，学者们经常采用公开的财务数据，通过估计模型参数或构建综合指数（投资—现金流敏感性、现金—现金流敏感性、KZ 指数、WW 指数）反映企业面临的融资约束；另外，使用调查数据中企业对自身融资状况的主观评价来衡量融资约束也是较为常见的研究策略（Ayyagari et al.，2010；Chong et al.，2013）。考虑到样本数据的可得性，并参照已有文献的衡量方法（蒋冠宏，2016；肖晶、粟勤，2016；张三峰、张伟，2016），本书利用问卷中“融资可得性对企业当前运行造成的障碍”来测度融资约束。受访企业对融资可得性的主观评价能较好反映出企业现实经营中融资成本的高低和融资难易程度。该问题选项分别为无障碍、较小障碍、一般障碍、较大障碍以及非常严重障碍，对应的变量 atf 取值依次为 4、3、2、1、0，在不引起歧义的前提下，变量 atf 数值越大视为企业面临的融资约束越小。

在对该问题做出明确回答的 2 817 家样本企业中，回答“非常严重障碍”和“较大障碍”的企业分别占 0.64%、3.62%，回答“一般障碍”的比例为 15.23%，回答“较小障碍”和“无障碍”的比例分别为 36.71%、43.81%。由于一些样本企业的特征信息存在缺失，在基准回归中最终用到的企业数为 2 543 家，其中，选择“非常严重障碍”“较大障碍”“一般障碍”“较小障碍”、“无障碍”的比例分别占 0.63%、3.42%、16.24%、36.81%、42.90%。因此，基准回归使用的样本企业融资可得性的分布与全样本并未有明显差异（具体见表 2.1）。

表 2.1 企业融资约束调查结果的分布情况

	全样本		基准回归样本	
	样本数	比例（%）①	样本数	比例（%）
非常严重障碍	18	0.64	16	0.63
较大障碍	102	3.62	87	3.42
一般障碍	429	15.23	413	16.24
较小障碍	1 034	36.71	936	36.81
无障碍	1 234	43.81	1 091	42.90
合计	2 817	100.00	2 543	100.00

在方程（2.1）右边，关键解释变量 tm 代表企业所面临的税收征管活动强度，本书利用企业层面的税务检查信息构建该变量。这是因为，税务检查是税收征管活动的核心环节，税收征管法明确规定，税务部门有权对纳税企业的生产经营场所、账簿、财务报表、商品、货物及相关凭证展开检查，审核企业税款缴纳的准确性，有效管理税源，促使企业树立依法纳税意识。而基层税务人员如果要向企业施加压力增收促收，也需要在与企业主面对面的税务检查情境下进行。因此，是否接受税务检查以及税务检查次数能较好地刻画税收征管活动强度。具体而言，问卷与此相关的问题有两个：“过去一年企业是否有税务官

① 因四舍五入，个体值加总后可能不等于 1。

员检查或访问”和“过去一年企业被税务官员检查或访问的次数”。根据上述两个问题分别定义变量 tm1、tm2，其中，tm1 为二元虚拟变量，代表企业过去一年是否被税务官员检查或访问，tm2 代表企业被税务官员检查或访问的次数①。

此外，本书还考虑了其他控制变量 control 对融资约束（融资可得性）的影响。auditor② 为企业财务信息透明度，使用“企业财务报表是否有外部审计”衡量。soe 表示是否为国有企业，对国有企业样本，soe 取值为 1，否则，soe 取值为 0。commerce 为企业商业信用利用情况，使用赊购方式购买原材料的比重衡量。商业信用能有效减少企业对外部融资的依赖，缓解企业融资约束（孙浦阳 等，2014）。export 表示企业是否为出口企业，出口能通过提高获取流动性的便利性、分散市场风险以及发送“信号”等渠道帮助企业获得更多外部融资（罗长远、李姝醒，2014）。competition 为企业外部竞争环境，使用“非正规部门竞争者的活动对企业当前运行的障碍程度”衡量，根据对应选项“没有障碍”“较小障碍”“一般障碍”“较大障碍”“非常严重障碍”，我们将变量 competition 依次赋值为 0、1、2、3、4，competition 取值越大代表企业面临的外部竞争越激烈。激烈的市场竞争将增加企业破产风险和未来收益不确定性，使贷款人对公司的偿债能力持消极态度，从而使企业获得外部融资更加困难。number 表示“被调查企业由多少子公司组成”，企业内部不同子公司能通过有效资金配置提高企业整体资金使用效率，从而改善企业整体融资可得性。方程还控制了企业基本特征规模（size）和年龄（lnage），其中，size 为企业规模，使用企业营业收入的自然对数衡量；lnage 代表企业成立年限的自然对数。

另外，方程还需控制如下两个因素：①business 表示企业所在城市是否为主要商业城市，主要商业城市往往具备发达的金融中介和较高的金融市场化水平，能有效减少信贷市场上的信息不对称，提升金融机构贷款效率，提升企业融资可得性。②court 为企业对当地法治环境的主观评价，当企业被问及“当地法院系统是公平、公正且廉洁的”时，选项分别为“非常不同意”“倾向于不同意”“倾向于同意”“非常同意”，相应取值分别为 1、2、3、4，数值越大代表企业对当地法治环境的主观评价越高。此外，方程还控制企业所处的二级行业虚拟变量 Industry。这里假设随机扰动项 ε 服从标准正态分布。

为检验假说 2.2，本书需要考察税收征管、法治环境对企业融资约束的交叉影响。我们在方程（2.1）中加入交叉项 tm1×court（tm2×court）；同时，为获得稳健性结果，方程还需加入税收征管与地区法治环境的交叉项 tm1×law（tm2×

① 对于那些未被税务官员检查或访问的企业（即 tm1 取值为 0），本章将其对应的变量 tm2 取值设定为 0。

② 本书各章的变量、方程相互独立，同名变量并不一定具有相关性，下同。

law)，其中，地区法治环境 law 使用企业对当地法治环境的主观评价 court 构建，具体为变量 court 在城市层面的加权平均值，权数为样本企业营业收入。

为检验假说 2.3，本书将通过方程（2.2）考察地方财政盈余如何影响税收征管强度。其中，被解释变量为企业是否受到税务检查 tm1、企业受到税务检查次数 tm2；关键解释变量 surplus 代表地方财政盈余水平，使用地方财政收入与财政支出之差除以财政收入衡量，并使用上一年的地方财政盈余水平。control 代表方程控制变量，本书参照 Li et al.（2019）的研究，加入如下变量：是否国有产权 soe，国有企业与政府存在“天然”联系且彼此熟悉，这可能弱化国有企业面临的税收征管；是否出口企业 export，出口企业由于涉及退税等活动，与税务部门“打交道”机会更多；政府管制 regu，税收征管是政府干预企业的重要途径，受更多政府管制的企业往往面临更强的税收征管；企业年龄和规模 lnage、size，成立年限更长、规模更大的企业更容易受到税务部门重点关注。另外，方程还控制法治环境水平 court、是否位于主要商业城市 business、企业所处行业虚拟变量 industry 等因素对税收征管活动的影响。控制变量中，政府管制 regu 使用“企业高管每周应对政府监管要求花费的时间比例”衡量，其余变量定义与前文一致。由于在现有的征税体制下，税务部门往往根据既定收入目标来制定征管计划，因此，本章还进一步考察了此前一年地区税收收入增长率 taxgro 对税收征管活动的影响。

$$tm_i = \beta_0 + \beta_1 surplus_c + \beta_2 control_i + \sum \varphi_j industry_j + \sigma_i \quad (2.2)$$

2.3.3 数据描述

表 2.2 给出了主要变量的描述性统计。在基准回归样本中，变量 tm1、tm2 均值分别表示，有 68.90%的样本企业有税务官员的检查或访问，税务官员检查或访问样本企业的平均次数为 1.69 次。变量 law 最大值、最小值分别为 3.77、1.88，变量 surplus 最大值、最小值分别为 0.08、-0.87，变量 taxgro 最大值、最小值分别为 0.75、0.09，可见，不同城市之间法治环境水平、地方财政状况的最大值与最小值存在明显差异。变量 auditor、soe、export 均值意味着，有 71.53%的样本企业存在外部审计，4.60%的企业为国有企业，24.07%的企业为出口企业。变量 commerce 均值表明企业使用赊购方式购买原材料的比重均值为 63.85%，这说明企业商业信用的使用比较普遍。变量 competition、number 的离散系数分别为 1.02、2.42，说明不同企业的外部竞争环境和子公司数量存在显著差别。

表 2.2 主要变量描述性统计

变量	观测值	平均值	中位数	标准差	最小值	最大值
atf	2 543	3.179	3	0.868	0	4
tm1	2 543	0.689	1	0.463	0	1
tm2	2 450	1.686	2	1.831	0	30
auditor	2 543	0.715	1	0.451	0	1
soe	2 543	0.046	0	0.210	0	1
commerce	2 543	0.639	0.7	0.297	0	1
export	2 543	0.241	0	0.428	0	1
competition	2 543	0.864	1	0.878	0	4
number	2 543	2.418	1	5.859	1	90
lnage	2 543	2.430	2.397 9	0.519	0	4.890 3
size	2 543	16.695	16.523 6	1.748	4.605 2	24.412 2
business	2 543	0.876	1	0.330	0	1
court	2 543	2.642	3	0.676	1	4
regu	2 478	1.323	0	3.844	0	100
law	2 543	2.710	2.660 1	0.499	1.884 3	3.771 5
surplus	2 543	−0.238	−0.154 4	0.236	−0.865	0.083 2
taxgro	2 543	0.280	0.248 5	0.149	0.086 4	0.754 4

2.4 实证结果及分析

2.4.1 税收征管对企业融资约束的总体影响

由于被解释变量 atf 是一个介于 0 到 4 的有序响应变量，本书选择 Ordered Probit 模型对方程（2.1）进行极大似然（ML）估计以便能得到回归系数的一致估计量。

表 2.3 汇报了税收征管对企业融资约束的影响。为检验估计结果稳健性，我们还采用 OLS 进行了估计。表 2.3 列（1）和（3）报告了 OLS 的估计结果，列（2）和（4）报告了 Ordered Probit 模型回归结果。结果显示，无论解释变量使用 tm1 还是 tm2，其系数都在 1%水平上显著为负。这表明，税收征管将显著恶化企业的融资约束，从而初步证实了假说 2.1。

表 2.3　税收征管对企业融资约束的影响：初步证据

	(1)	(2)	(3)	(4)
	OLS	Ordered Probit	OLS	Ordered Probit
tm1	-0.286 2***	-0.388 5***		
	(0.034 8)	(0.050 2)		
tm2			-0.043 2***	-0.054 1***
			(0.010 9)	(0.014 2)
auditor	0.137 3***	0.152 0***	0.100 5***	0.101 3*
	(0.040 3)	(0.055 2)	(0.040 7)	(0.055 2)
soe	0.026 5	0.020 9	-0.017 3	-0.027 5
	(0.101 5)	(0.144 0)	(0.105 4)	(0.147 4)
commerce	0.024 8	0.001 1	-0.005 3	-0.036 3
	(0.057 5)	(0.079 7)	(0.058 6)	(0.080 3)
export	-0.006 3	-0.016 8	-0.012 7	-0.025 3
	(0.042 6)	(0.057 1)	(0.043 9)	(0.058 3)
competition	-0.192 3***	-0.286 1***	-0.197 0***	-0.288 0***
	(0.021 7)	(0.029 9)	(0.022 1)	(0.030 3)
number	0.004 9*	0.007 2*	0.005 1*	0.007 3*
	(0.002 6)	(0.004 0)	(0.002 7)	(0.004 1)
lnage	0.031 2	0.047 2	0.037 3	0.051 8
	(0.032 8)	(0.045 1)	(0.033 9)	(0.046 1)
size	-0.040 8***	-0.053 8***	-0.040 4***	-0.052 6***
	(0.010 7)	(0.015 0)	(0.011 1)	(0.015 3)
court	0.202 6***	0.269 0***	0.192 9***	0.255 3***
	(0.026 1)	(0.035 6)	(0.026 7)	(0.036 0)
business	0.248 1***	0.305 5***	0.243 8***	0.299 3***
	(0.055 2)	(0.071 4)	(0.056 5)	(0.072 6)
Industry	Yes	Yes	Yes	Yes
观测值	2 543	2 543	2 450	2 450
R^2	0.119 5		0.106 6	
Pseudo R^2		0.055 0		0.048 6

注：* * *、* *、* 分别表示 1%、5%、10% 的显著性水平，括号中为经过 White-robust 调整的稳健标准误。

然而，变量 tm1、tm2 可能存在内生性，这源于以下两方面：第一，一些难以准确测量的遗漏变量会同时影响税收征管和融资约束，例如，良好的政企关系会通过“资源效应”和“信号效应”帮助企业获得更多外部融资（于蔚 等，2012），且政治关联能通过减少政府和企业之间信息不对称、提供产权保护等途径减弱税收征管强度，但政企关系内涵丰富，寻找全面刻画样本企业政企关系的指标存在困难。第二，税收征管与融资约束之间可能互为因果，税务部门可能将潜在的避税企业作为重点检查对象，而那些面临较大融资障碍的企业更有动机通过避税的方式缓解自身融资约束，由此会面临更强有力的税收征管。

该部分所使用的数据是一个横截面数据，为了解决内生性偏误，我们使用同一城市其他样本企业面临的税收征管强度的平均值分别作为变量 tm1、tm2 的工具变量 tm1_iv、tm2_iv。表 2.4 报告了相应的 2SLS 估计结果。表 2.4 第（1）、（3）列汇报的第一阶段估计结果显示，工具变量 tm1_iv、tm2_iv 系数在 1%水平上显著为正，同时，弱工具变量检验 Cragg-Donald Wald F 统计量的取值分别为 453.26、454.21，远远大于 16.38 的临界值，说明前文选取的工具变量通过了弱工具变量检验。表 2.4 第（2）、（4）列报告的第二阶段回归结果显示，变量 tm1、tm2 系数为负且在 1%水平上显著，可见，即使考虑了可能存在的内生性偏误，严格的税收征管依然会加剧企业融资约束。

表 2.4　税收征管对企业融资约束的影响：2SLS 估计

	使用 tm1 衡量税收征管强度		使用 tm2 衡量税收征管强度	
	（1）	（2）	（3）	（4）
	第一阶段	第二阶段	第一阶段	第二阶段
tm1_iv	0.914 8***			
	(0.040 5)			
tm1		−1.014 9***		
		(0.097 7)		
tm2_iv			1.029 4***	
			(0.040 0)	
tm2				−0.170 1***
				(0.024 0)
auditor	0.221 8***	0.291 5***	0.673 0***	0.168 0***
	(0.019 8)	(0.048 4)	(0.069 9)	(0.043 1)
soe	0.005 4	0.044 8	−0.302 9	−0.052 0
	(0.051 7)	(0.107 8)	(0.208 2)	(0.107 7)

表2.4(续)

	使用tm1衡量税收征管强度		使用tm2衡量税收征管强度	
	(1)	(2)	(3)	(4)
	第一阶段	第二阶段	第一阶段	第二阶段
commerce	0.047 8	0.099 7	0.429 0***	0.064 9
	(0.029 1)	(0.063 4)	(0.122 7)	(0.062 4)
export	0.056 0***	0.043 6	0.226 4***	0.029 3
	(0.019 9)	(0.046 2)	(0.081 7)	(0.046 0)
competition	-0.011 5	-0.181 6***	-0.079 8*	-0.202 8***
	(0.009 9)	(0.022 5)	(0.041 2)	(0.022 1)
number	0.000 1	0.004 4	0.003 5	0.005 2*
	(0.001 5)	(0.002 7)	(0.005 7)	(0.002 8)
lnage	-0.011 1	0.028 4	0.098 1	0.053 7
	(0.016 0)	(0.034 8)	(0.064 8)	(0.035 2)
size	0.026 7***	-0.021 1*	0.145 5***	-0.022 5*
	(0.005 1)	(0.011 5)	(0.024 6)	(0.012 0)
court	0.023 1*	0.259 0***	-0.077 4*	0.204 4***
	(0.012 3)	(0.028 7)	(0.046 8)	(0.027 3)
business	-0.075 8***	0.171 6***	-0.154 2	0.188 3***
	(0.024 4)	(0.057 4)	(0.101 7)	(0.058 2)
industry	Yes	Yes	Yes	Yes
观测值	2 543	2 543	2 450	2 450
Centered R^2	0.237 7	-0.016 6	0.227 0	0.041 1
弱工具变量检验		453.255 0		454.212 0

注：＊＊＊、＊＊、＊分别表示1%、5%、10%的显著性水平，括号中为经过White-robust调整的稳健标准误。

2.4.2 税收征管对企业融资约束的边际效应

表2.3中的ordered Probit模型汇报的是解释变量的偏回归系数，缺乏现实经济含义。为了解释方便，表2.5汇报了各解释变量对融资约束的边际概率影响（边际效果）。首先关注变量tm1的系数，相对于未接受税务检查的企业，接受税务检查使得企业融资可得性对企业运行造成“非常严重障碍”“较大障碍”“一般障碍”“较小障碍”的概率分别上升0.71%、2.43%、6.91%、4.07%，“无障碍”的概率下降14.11%。

表 2.5 税收征管对企业融资约束的影响：边际效果（Ordered Probit）

	(1)	(2)	(3)	(4)	(5)
	非常严重障碍	较大障碍	一般障碍	较小障碍	无障碍
tm1	0.007 1***	0.024 3***	0.069 1***	0.040 7***	−0.141 1***
	(0.001 7)	(0.003 9)	(0.009 1)	(0.005 5)	(0.017 8)
auditor	−0.002 8***	−0.009 5***	−0.027 0***	−0.015 9***	0.055 2***
	(0.001 1)	(0.003 5)	(0.010 0)	(0.005 7)	(0.020 0)
soe	−0.000 4	−0.001 3	−0.003 7	−0.002 2	0.007 6
	(0.002 6)	(0.009 0)	(0.025 6)	(0.015 1)	(0.052 3)
commerce	−0.000 0	−0.000 1	−0.000 2	−0.000 1	0.000 4
	(0.001 4)	(0.005 0)	(0.014 2)	(0.008 3)	(0.028 9)
export	0.000 3	0.001 1	0.00 30	0.001 8	−0.006 1
	(0.001 0)	(0.003 6)	(0.010 2)	(0.006 0)	(0.020 7)
competition	0.005 2***	0.017 9***	0.050 9***	0.030 0***	−0.103 9***
	(0.001 2)	(0.002 4)	(0.005 3)	(0.003 6)	(0.010 4)
number	−0.000 1*	−0.000 4*	−0.001 3*	−0.000 8*	0.002 6*
	(0.000 1)	(0.000 3)	(0.000 7)	(0.000 4)	(0.001 4)
lnage	−0.000 9	−0.003 0	−0.008 4	−0.004 9	0.017 2
	(0.000 8)	(0.002 8)	(0.008 0)	(0.004 7)	(0.016 4)
size	0.001 0***	0.003 4***	0.009 6***	0.0056***	−0.019 5***
	(0.000 3)	(0.001 0)	(0.002 7)	(0.001 6)	(0.005 4)
court	−0.004 9***	−0.016 8***	−0.047 8***	−0.028 2***	0.097 7***
	(0.001 2)	(0.002 7)	(0.006 4)	(0.004 0)	(0.012 6)
business	−0.005 5***	−0.019 1***	−0.054 3***	−0.032 0***	0.111 0***
	(0.001 7)	(0.004 7)	(0.012 9)	(0.007 7)	(0.025 7)
industry	Yes	Yes	Yes	Yes	Yes
观测值	2 543	2 543	2 543	2 543	2 543

注：＊＊＊、＊＊、＊分别表示1%、5%、10%的显著性水平，括号中为经过White-robust调整的稳健标准误。

在控制变量中，外部审计auditor增加企业的财务透明度，减少资金借贷双方的信息不对称，从而降低外部融资成本，缓解了融资约束。变量soe为负但不显著，一个可能的解释是样本中的国有企业数量太少（仅占全样本的5%），后文将就此问题进行分样本回归。变量competition系数表明，市场竞争程度每增加一个标准差（0.878 1），融资可得性造成“非常严重障碍”“较大障碍”

“一般障碍”“较小障碍”的概率分别上升0.46%、1.57%、4.47%、2.63%，融资可得性“无障碍”的概率下降9.12%，这表明激烈的市场竞争会增加企业未来收益的不确定性，进而增加了企业获取外部融资的难度。变量number系数显示，子公司数目每增加一个标准差（5.859 4），融资可得性造成“非常严重障碍”“较大障碍”“一般障碍”“较小障碍”的概率分别下降0.06%、0.23%、0.76%、0.47%，融资可得性“无障碍”的概率上升1.52%，这说明，企业下属子公司形成的内部资本市场能提高资金配置效率，改善企业融资可得性。变量size系数表明企业营业收入和恶化的融资约束相关联，一种可能的解释是，虽然规模较大的企业更容易获得外部融资（银行贷款、政府补贴），但因自身发展需要对外部融资的需求也较高，由此导致企业融资可得性对企业运营形成明显障碍。

此外，相比于未处于主要商业城市的企业，企业融资可得性对那些处于主要商业城市的企业造成障碍的可能性降低，这表明主要商业城市能为企业发展提供良好的金融市场和外部环境，这有助于改善企业融资约束。变量court回归系数表明，法治环境改善也有助于改善企业融资约束。平均而言，企业对当地法治环境评价每上升一个标准差（0.676 2），企业融资可得性造成“非常严重障碍”“较大障碍”“一般障碍”“较小障碍”的概率分别下降0.33%、1.14%、3.23%、1.91%，“无障碍”的概率上升6.61%。

本书还使用变量tm2（即企业接受税务检查的次数）刻画税收征管，所得Ordered Probit模型边际效应系数报告在表2.6。可以看出，税收征管会增加融资可得性给企业运行造成“非常严重障碍”“较大障碍”“一般障碍”“较小障碍”的概率，降低“无障碍”的概率，这表明实证发现结果依然稳健。

表2.6 税收征管对企业融资约束的影响：边际效果（Ordered Probit）

	(1)	(2)	(3)	(4)	(5)
	非常严重障碍	较大障碍	一般障碍	较小障碍	无障碍
tm2	0.001 0***	0.003 4***	0.009 8***	0.005 6***	−0.019 8***
	(0.000 3)	(0.001 0)	(0.002 6)	(0.001 5)	(0.005 2)
auditor	−0.001 9*	−0.006 4*	−0.018 3*	−0.010 4*	0.037 1*
	(0.001 1)	(0.003 5)	(0.010 1)	(0.005 6)	(0.020 2)
soe	0.000 5	0.001 7	0.005 0	0.002 8	−0.010 1
	(0.002 8)	(0.009 3)	(0.026 7)	(0.015 2)	(0.054 0)
commerce	0.000 7	0.002 3	0.006 6	0.003 7	−0.013 3
	(0.001 5)	(0.005 0)	(0.014 5)	(0.008 3)	(0.029 4)

表2.6(续)

	(1)	(2)	(3)	(4)	(5)
	非常严重障碍	较大障碍	一般障碍	较小障碍	无障碍
export	0.000 5	0.001 6	0.004 6	0.002 6	-0.009 3
	(0.001 1)	(0.003 7)	(0.010 6)	(0.006 0)	(0.021 3)
competition	0.005 4***	0.018 2***	0.052 2***	0.029 7***	-0.105 4***
	(0.001 3)	(0.002 4)	(0.005 5)	(0.003 7)	(0.010 5)
number	-0.000 1*	-0.000 5*	-0.001 3*	-0.000 8*	0.0027*
	(0.000 1)	(0.000 3)	(0.000 7)	(0.000 4)	(0.001 5)
lnage	-0.001 0	-0.003 3	-0.009 4	-0.005 3	0.019 0
	(0.000 9)	(0.002 9)	(0.008 4)	(0.004 8)	(0.016 9)
size	0.001 0***	0.003 3***	0.009 5***	0.005 4***	-0.019 3***
	(0.000 4)	(0.001 0)	(0.002 8)	(0.001 6)	(0.005 6)
court	-0.004 8***	-0.016 1***	-0.046 2***	-0.026 3***	0.093 4***
	(0.001 2)	(0.002 7)	(0.006 6)	(0.004 0)	(0.012 9)
business	-0.005 6***	-0.018 9***	-0.054 2***	-0.030 9***	0.109 6***
	(0.001 7)	(0.004 8)	(0.013 3)	(0.007 7)	(0.026 4)
industry	Yes	Yes	Yes	Yes	Yes
观测值	2 450	2 450	2 450	2 450	2 450

注：***、**、*分别表示1%、5%、10%的显著性水平，括号中为经过White-robust调整的稳健标准误。

2.4.3　税收征管与法治环境对企业融资约束的交互影响

本小节在方程（2.1）中分别加入 tm1×lawdum、tm2×lawdum[①] 与 tm1×court、tm2×court 等交叉项，研究法治环境将如何影响税收征管与企业融资约束之间的关系。表2.7给出 Ordered Probit 估计结果。第（1）、（2）列采用是否接受过税务检查衡量税收征管活动强度，第（3）、（4）列采用税务检查次数衡量税收征管活动强度。在第（1）列中，交叉项 tm1×court 系数为正且 p 值为0.12，接近10%的显著性水平。第（2）至（4）列交叉项系数显著为正，这说明，随着法治环境的改善，税收征管活动加剧企业融资约束的“征税效应”将

① lawdum为二元虚拟变量，当城市法治环境得分（law）小于25个城市法治环境得分中位数时，变量lawdum赋值为0，否则，赋值为1。本章的研究重点在于法治环境水平的高低比较，而非分析法治环境水平的边际影响，用二元虚拟变量便于简单明了比较和说明法治环境的调节作用。

弱化，这支持了假说 2.2。考虑到变量 tm1、tm2 可能存在的内生性，本小节还进行了 2SLS 回归，结果显示前述结论依然稳健。

表 2.7 税收征管对企业融资约束的影响：不同法治环境的比较（Ordered Probit）

	(1)	(2)	(3)	(4)
tm1	−0.684 8***	−0.455 6***		
	(0.198 6)	(0.071 1)		
tm2			−0.228 5***	−0.107 6***
			(0.061 6)	(0.024 3)
tm1×court	0.116 8			
	(0.076 0)			
tm1×lawdum		0.189 9*		
		(0.098 9)		
tm2×court			0.065 6***	
			(0.022 7)	
tm2×lawdum				0.101 1***
				(0.029 0)
court	0.185 3***		0.143 2***	
	(0.062 7)		(0.049 8)	
lawdum		−0.270 4***		−0.362 8***
		(0.081 8)		(0.064 9)
控制变量	Yes	Yes	Yes	Yes
观测值	2 543	2 543	2 450	2 450

注：***、**、*分别表示 1%、5%、10%的显著性水平，括号中为经过 White-robust 调整的稳健标准误。

2.4.4 地区财政盈余对税收征管的影响

前文分析发现了税收征管活动的"征税效应"，即税收征管活动会加剧企业融资约束，且这一效应在法治环境较好的地区更弱。调查问卷仅能观察到企业是否接受税务检查以及接受税务检查的次数，而无法识别每一次税务检查的具体内容和实际效应。一个有待厘清的问题是，前文所构建的税收征管活动指标多大程度上受到地方政府财政压力的影响？为回答这一问题，本书将考察上一年地方财政盈余与税收收入增长率对企业所受税收征管活动的影响。表 2.8 分别以是否接受税务检查、接受税务检查次数作为被解释变量，基于方程（2.2）进

表 2.8 地区财政盈余与税收征管

	(1)	(2)	(3)	(4)	(5)	(6)	(7)	(8)
	Probit	OLS	Probit	OLS	Probit	OLS	Probit	OLS
	检查概率	检查次数	检查概率	检查次数	检查概率	检查次数	检查概率	检查次数
surplus	−0.237 1***	−1.110 2***						
	(0.040 0)	(0.161 1)						
surplus_r1			−0.272 9***	−1.309 7***				
			(0.051 2)	(0.210 8)				
surplus_r2					−0.313 3***	−1.456 3***		
					(0.055 0)	(0.221 1)		
taxgro							0.045 9	0.066 4
							(0.064 0)	(0.224 7)
soe	0.037 4	−0.304 2	0.037 6	−0.301 2	0.037 8	−0.299 3	0.036 8	−0.293 6
	(0.056 2)	(0.209 7)	(0.056 2)	(0.209 6)	(0.056 2)	(0.209 5)	(0.056 4)	(0.211 4)
export	0.084 8***	0.341 2***	0.084 6***	0.338 6***	0.086 7***	0.348 1***	0.078 3***	0.311 2***
	(0.024 8)	(0.094 7)	(0.024 8)	(0.094 9)	(0.024 9)	(0.095 0)	(0.024 7)	(0.095 3)
regu	0.009 8	0.058 2***	0.009 8	0.058 1***	0.009 9	0.058 5***	0.010 0	0.059 4***
	(0.006 6)	(0.021 8)	(0.006 6)	(0.021 7)	(0.006 6)	(0.021 8)	(0.006 9)	(0.022 8)
lnage	−0.010 0	0.106 1	−0.010 2	0.104 4	−0.010 8	0.102 7	−0.007 4	0.120 1*
	(0.018 0)	(0.068 3)	(0.018 1)	(0.068 4)	(0.018 1)	(0.068 4)	(0.018 1)	(0.069 0)
size	0.036 1***	0.161 5***	0.035 7***	0.160 1***	0.035 9***	0.160 7***	0.034 3***	0.153 1***
	(0.005 6)	(0.025 0)	(0.005 6)	(0.025 0)	(0.005 6)	(0.025 1)	(0.005 7)	(0.025 6)
court	0.078 7***	0.078 2	0.081 0***	0.088 1*	0.080 4***	0.086 7	0.090 2***	0.141 3***
	(0.013 6)	(0.053 4)	(0.013 6)	(0.053 5)	(0.013 6)	(0.053 3)	(0.013 6)	(0.052 7)
business	−0.078 9***	−0.444 2***	−0.072 6***	−0.415 9***	−0.072 8***	−0.414 8***	−0.067 8***	−0.391 0***
	(0.027 8)	(0.110 5)	(0.027 8)	(0.110 4)	(0.027 7)	(0.110 1)	(0.028 0)	(0.111 7)
industry	Yes	Yes	Yes	Yes	Yes	Yes	Yes	Yes
观测值	2 598	2 507	2 598	2 507	2 598	2 507	2 598	2 507

注：***、**、*分别表示1%、5%、10%的显著性水平，括号中为经过 White-robust 调整的稳健标准误。

行了回归分析，并报告了相应的 Probit 边际效应系数和 OLS 回归系数。

结果表明，变量 surplus 系数显著为负，这表示前一年财政盈余水平越低，企业当年面临税务检查的概率和次数越高，这支持了研究假说 2.3。第（1）、（2）列控制变量系数表明：相比于非出口企业，出口企业受到税务检查的概率高出 8.48 个百分点，受到税务检查的次数高出 0.34 次；企业规模越大，企业会面临更多税收征管活动，可能的原因在于，大企业更容易受税务部门关注和监管，并承担更高税负。政府管制会增加企业所受税务检查的次数，这在某种程度上说明，税收征管活动是政府对企业经营行为进行管制和干预的重要体现。值得注意的是，变量 court 系数显著为正，这说明，对法治环境评价较好的企业面临着更强的税收征管，这与表 2.7 发现法治环境改善会弱化税收征管的“征税效应”并不矛盾。法治环境较好的地区拥有良好的征纳秩序，税务部门将对企业进行有效的税收征管，但税收征管过程中税务部门行为更加规范。为避免特定年份数据可能导致的估计偏误，本书还分别考察滞后两年（2009 年、2010 年）平均财政盈余水平 surplus_r1、滞后三年（2008 年、2009 年、2010 年）平均财政盈余水平 surplus_r2 对税收征管活动的影响。表 2.8 第（3）列至第（6）列结果表明，surplus_r1、surplus_r2 系数在 1%水平上显著为负，这意味着，此前两年（此前三年）的平均财政盈余水平越低，企业当年会面临更强有力的税收征管，验证了假说 2.3 的稳健性。另外，表 2.8 第（7）、（8）列显示变量 taxgro 系数为正但不显著，可见，此前一年税收收入增长率对企业当前面临的税收征管活动无显著影响。表明当地方政府税收收入保持增长时，提高税收任务、加大税收征管的激励也较小。

2.4.5 税收征管影响企业融资约束的稳健性分析

为了检验前述结论的稳健性，本小节从两方面展开讨论。第一，考虑“金税三期”工程试点的影响。金税三期工程旨在构建现代化税收管理系统，推进税收管理规范化和制度化。自 2013 年起，金税三期应用系统首先在重庆、山东、山西 3 个地区国税局、地税局试点运行；自 2015 年 1 月起，金税三期优化系统依次在广东、内蒙古、河南以及其他地区推广上线①。尽管从实施日期看，金税三期工程并未对样本期（2011 年）的税收征管活动产生实际影响，但企业预期到未来金税三期系统上线带来的征税环境变化，可能会调整当前纳税行为，同时，各地区税务部门为筹备工程试点，需要提前投入大量人力和物力，这也可能影响当期税收征管活动。由于研究样本未包含重庆、山西两地城市，进一步剔除 2013 年 3 个试点地区中山东省（包含济南、青岛、烟台 3 个城市）的企

① 资料来源：郭瑞轩．搭舞台，金税三期为税收事业插上金色翅膀［N］．中国税务报，2016-12-27（01）。

业样本，表2.9、表2.10、表2.11报告了重复前文实证分析的回归结果，依次考察了税收征管对企业融资约束的总体影响、税收征管与法治环境对企业融资约束的交互影响、地区财政盈余对企业面临的税收征管强度的影响，相关结论都未发生实质性变化。

表2.9 稳健性检验：考虑“金税三期”工程试点的影响（重复表2.3实证过程）

	(1)	(2)	(3)	(4)
	OLS	Ordered Probit	OLS	Ordered Probit
tm1	-0.249 0***	-0.344 7***		
	(0.037 6)	(0.055 5)		
tm2			-0.041 1***	-0.052 6***
			(0.011 5)	(0.015 4)
auditor	0.115 9***	0.129 4***	0.081 9*	0.082 5
	(0.042 0)	(0.059 4)	(0.042 3)	(0.059 3)
soe	-0.019 6	-0.029 5	-0.066 0	-0.086 0
	(0.107 9)	(0.157 3)	(0.111 7)	(0.161 1)
commerce	0.031 3	0.027 4	0.001 0	-0.015 1
	(0.061 5)	(0.088 2)	(0.062 9)	(0.089 5)
export	-0.023 9	-0.032 9	-0.022 9	-0.032 6
	(0.044 1)	(0.061 0)	(0.045 7)	(0.062 5)
competition	-0.204 7***	-0.308 1***	-0.204 8***	-0.304 7***
	(0.023 0)	(0.033 0)	(0.023 6)	(0.033 6)
number	0.003 0	0.004 2	0.003 2	0.004 3
	(0.002 9)	(0.004 3)	(0.003 0)	(0.004 5)
lnage	0.019 7	0.031 2	0.023 4	0.033 2
	(0.034 6)	(0.049 0)	(0.035 8)	(0.050 3)
size	-0.031 7***	-0.042 4***	-0.029 4***	-0.038 6***
	(0.011 3)	(0.016 2)	(0.011 7)	(0.016 6)
court	0.161 7***	0.222 5***	0.155 4***	0.213 9***
	(0.027 0)	(0.038 2)	(0.027 7)	(0.038 9)
business	0.498 4***	0.639 9***	0.499 3***	0.637 9***
	(0.067 1)	(0.084 5)	(0.068 6)	(0.086 3)
industry	Yes	Yes	Yes	Yes
观测值	2 202	2 202	2 111	2 111
R^2	0.136 7		0.127 6	
Pseudo R^2		0.062 5		0.057 8

注：***、**、*分别表示1%、5%、10%的显著性水平，括号中为经过White-robust调整的稳健标准误。

表 2.10　稳健性检验：考虑“金税三期”工程试点的影响（重复表 2.7 实证过程）

	(1)	(2)	(3)	(4)
tm1	-0.622 3***	-0.421 1***		
	(0.220 9)	(0.081 0)		
tm2			-0.230 4***	-0.103 0***
			(0.067 2)	(0.025 1)
tm1×court	0.108 6			
	(0.083 5)			
tm1×lawdum		0.212 2*		
		(0.109 2)		
tm2×court			0.067 2***	
			(0.024 7)	
tm2×lawdum				0.098 8***
				(0.030 2)
lawdum		-0.372 4***		-0.438 2***
		(0.093 5)		(0.072 7)
auditor	0.120 7***	0.127 8***	0.079 7	0.093 9
	(0.059 6)	(0.059 3)	(0.059 3)	(0.059 3)
soe	-0.027 6	-0.033 2	-0.087 1	-0.099 7
	(0.157 4)	(0.158 3)	(0.162 8)	(0.162 7)
commerce	0.023 9	0.102 8	-0.012 4	0.066 4
	(0.088 3)	(0.091 5)	(0.089 7)	(0.092 8)
export	-0.032 9	-0.046 6	-0.023 5	-0.046 6
	(0.061 0)	(0.061 2)	(0.062 4)	(0.062 8)
competition	-0.306 5***	-0.301 4***	-0.301 2***	-0.292 4***
	(0.033 1)	(0.032 9)	(0.033 4)	(0.033 3)
number	0.004 2	0.003 5	0.004 2	0.003 1
	(0.004 3)	(0.004 3)	(0.004 5)	(0.004 5)
lnage	0.030 2	0.021 9	0.031 6	0.025 4
	(0.049 0)	(0.049 2)	(0.050 2)	(0.050 5)
size	-0.040 9***	-0.042 5***	-0.034 9***	-0.039 0***
	(0.016 3)	(0.016 2)	(0.016 7)	(0.016 6)
court	0.144 2***	0.239 7***	0.097 1*	0.244 7***
	(0.070 6)	(0.038 6)	(0.055 2)	(0.039 7)
business	0.637 9***	0.724 9***	0.629 6***	0.734 6***
	(0.084 5)	(0.087 8)	(0.086 2)	(0.088 8)
industry	Yes	Yes	Yes	Yes
观测值	2 202	2 202	2 111	2 111

注：***、**、*分别表示 1%、5%、10%的显著性水平，括号中为经过 White-robust 调整的稳健标准误。

表 2.11 稳健性检验：考虑“金税三期”工程试点的影响（重复表 2.8 实证过程）

	(1)	(2)	(3)	(4)	(5)	(6)	(7)	(8)
	Probit	OLS	Probit	OLS	Probit	OLS	Probit	OLS
	检查概率	检查次数	检查概率	检查次数	检查概率	检查次数	检查概率	检查次数
surplus	-0.215 7***	-0.999 0***						
	(0.040 5)	(0.163 9)						
surplus_r1			-0.230 7***	-1.134 5***				
			(0.051 5)	(0.214 0)				
surplus_r2					-0.268 1***	-1.272 3***		
					(0.055 2)	(0.223 8)		
taxgro							0.021 6	0.091 5
							(0.064 6)	(0.229 1)
soe	0.026 2	-0.311 6	0.025 7	-0.310 5	0.026 1	-0.308 5	0.022 5	-0.314 9
	(0.060 9)	(0.226 2)	(0.061 0)	(0.226 4)	(0.060 9)	(0.226 3)	(0.061 2)	(0.228 4)
export	0.075 1***	0.337 7***	0.074 0***	0.332 9***	0.076 3***	0.342 4***	0.066 6***	0.298 0***
	(0.025 7)	(0.099 2)	(0.025 7)	(0.099 5)	(0.025 8)	(0.099 6)	(0.025 7)	(0.099 5)
regu	0.008 8	0.055 7***	0.008 8	0.055 7***	0.008 9	0.056 0***	0.009 0	0.056 6***
	(0.006 3)	(0.021 7)	(0.006 3)	(0.021 7)	(0.006 3)	(0.021 8)	(0.006 6)	(0.022 6)
lnage	-0.003 9	0.128 2*	-0.003 8	0.127 6*	-0.004 4	0.125 8*	-0.000 6	0.145 5***
	(0.019 1)	(0.072 1)	(0.019 2)	(0.072 2)	(0.019 2)	(0.072 3)	(0.019 2)	(0.072 8)
size	0.032 5***	0.144 4***	0.032 1***	0.143 0***	0.032 4***	0.143 8***	0.030 8***	0.136 8***
	(0.006 0)	(0.027 4)	(0.006 0)	(0.027 5)	(0.006 1)	(0.027 5)	(0.006 1)	(0.028 2)
court	0.074 8***	0.041 6	0.077 5***	0.052 5	0.076 9***	0.050 6	0.084 6***	0.095 1*
	(0.014 7)	(0.058 1)	(0.014 7)	(0.058 1)	(0.014 7)	(0.058 0)	(0.014 7)	(0.057 5)
business	-0.083 0***	-0.247 1***	-0.071 7***	-0.198 8*	-0.072 2***	-0.195 7*	-0.052 4	-0.104 4
	(0.033 8)	(0.111 1)	(0.033 8)	(0.110 9)	(0.033 6)	(0.109 8)	(0.034 6)	(0.113 1)
industry	Yes	Yes	Yes	Yes	Yes	Yes	Yes	Yes
观测值	2 248	2 162	2 248	2 162	2 248	2 162	2 248	2 162

注：***、**、*分别表示1%、5%、10%的显著性水平，括号中为经过 White-robust 调整的稳健标准误。

第二，考虑新产品（新服务）引入的影响。前文分析强调，税收征管的“征税效应”将挤占企业留存收益和现金流，减弱企业内部融资能力，但这一逻辑假定企业的生产规模和产出产品保持相对稳定。如果企业前期致力于引入新产品或新服务，可能占用企业大量资金和留存收益，进而降低企业融资可得性，加剧融资约束。对此，我们在方程（2.1）中加入二元虚拟变量 newpr 作为解释变量，以表示“企业过去三年是否引入新产品（新服务）”，表 2.12、表 2.13、表 2.14 依次报告了重复前文实证分析过程的回归结果，依次考察了税收征管对企业融资约束的总体影响、税收征管与法治环境对企业融资约束的交互影响、地区财政盈余对企业面临的税收征管强度的影响。结果显示，相关结论都未发生实质性变化，引入新产品（新服务）的企业面临更强融资约束，但前文所得到的关键结论依然成立。

表 2.12　稳健性检验：考虑新产品（新服务）引入的影响（重复表 2.3 实证过程）

	(1)	(2)	(3)	(4)
	OLS	Ordered Probit	OLS	Ordered Probit
tm1	-0.258 8***	-0.351 2***		
	(0.035 6)	(0.051 2)		
tm2			-0.036 6***	-0.045 5***
			(0.010 7)	(0.013 9)
newpr	-0.159 4***	-0.244 4***	-0.194 3***	-0.291 3***
	(0.035 3)	(0.048 7)	(0.036 1)	(0.049 3)
auditor	0.139 2***	0.160 4***	0.107 5***	0.117 7***
	(0.040 3)	(0.055 4)	(0.040 7)	(0.055 6)
soe	0.003 1	-0.020 2	-0.047 2	-0.079 0
	(0.101 6)	(0.145 2)	(0.105 5)	(0.149 0)
commerce	0.008 0	-0.032 6	-0.027 1	-0.078 2
	(0.057 5)	(0.080 6)	(0.058 5)	(0.081 4)
export	0.015 5	0.015 1	0.014 5	0.013 8
	(0.042 7)	(0.057 8)	(0.044 0)	(0.058 9)
competition	-0.185 2***	-0.277 8***	-0.186 5***	-0.275 9***
	(0.021 7)	(0.030 0)	(0.022 1)	(0.030 3)
number	0.005 4***	0.008 0***	0.005 7***	0.008 3***

表2.12(续)

	(1)	(2)	(3)	(4)
	OLS	Ordered Probit	OLS	Ordered Probit
	(0.002 6)	(0.004 1)	(0.002 7)	(0.004 2)
lnage	0.030 1	0.045 4	0.034 5	0.047 7
	(0.032 7)	(0.045 5)	(0.033 8)	(0.046 6)
size	-0.035 2***	-0.045 6***	-0.034 0***	-0.043 4***
	(0.010 7)	(0.015 1)	(0.011 1)	(0.015 4)
court	0.205 5***	0.275 5***	0.198 7***	0.266 4***
	(0.026 1)	(0.035 8)	(0.026 6)	(0.036 2)
business	0.272 6***	0.346 0***	0.271 2***	0.343 5***
	(0.0554)	(0.072 1)	(0.056 5)	(0.073 3)
industry	Yes	Yes	Yes	Yes
观测值	2 538	2 538	2 445	2 445
R^2	0.127 4		0.118 2	
Pseudo R^2		0.059 7		0.055 2

注：***、**、*分别表示1%、5%、10%的显著性水平，括号中为经过White-robust调整的稳健标准误。

表2.13 稳健性检验：考虑新产品（新服务）引入的影响（重复表2.7实证过程）

	(1)	(2)	(3)	(4)
tm1	-0.598 5***	-0.425 1***		
	(0.200 2)	(0.071 7)		
tm2			-0.199 6***	-0.097 4***
			(0.061 1)	(0.024 4)
tm1×court	0.097 2			
	(0.076 5)			
tm1×lawdum		0.189 6*		
		(0.099 0)		
tm2×court			0.057 9***	
			(0.022 5)	

表2.13(续)

	(1)	(2)	(3)	(4)
tm2×lawdum				0.095 2***
				(0.029 1)
lawdum		-0.244 3***		-0.322 7***
		(0.082 1)		(0.065 9)
newpr	-0.241 7***	-0.232 9***	-0.282 0***	-0.265 9***
	(0.048 8)	(0.049 1)	(0.049 4)	(0.049 9)
auditor	0.152 3***	0.154 8***	0.113 2***	0.121 4***
	(0.055 6)	(0.055 4)	(0.055 6)	(0.055 5)
soe	-0.019 0	-0.015 8	-0.076 3	-0.073 7
	(0.145 2)	(0.145 6)	(0.150 3)	(0.150 4)
commerce	-0.036 7	-0.012 0	-0.071 9	-0.053 5
	(0.080 7)	(0.082 8)	(0.081 5)	(0.083 5)
export	0.015 7	0.011 8	0.022 0	0.011 6
	(0.057 8)	(0.057 8)	(0.059 0)	(0.059 3)
competition	-0.276 5***	-0.272 4***	-0.272 4***	-0.264 9***
	(0.030 0)	(0.030 0)	(0.030 3)	(0.030 3)
number	0.008 1***	0.007 9*	0.008 5***	0.007 8*
	(0.004 1)	(0.004 1)	(0.004 2)	(0.004 2)
lnage	0.045 4	0.039 2	0.047 0	0.042 2
	(0.045 5)	(0.045 5)	(0.046 5)	(0.046 6)
size	-0.044 5***	-0.046 4***	-0.040 6***	-0.045 8***
	(0.015 1)	(0.015 0)	(0.015 4)	(0.015 4)
court	0.205 6***	0.288 7***	0.167 0***	0.292 5***
	(0.063 3)	(0.036 3)	(0.049 9)	(0.037 1)
business	0.342 7***	0.356 4***	0.336 5***	0.359 4***
	(0.072 3)	(0.072 5)	(0.073 3)	(0.073 4)
industry	Yes	Yes	Yes	Yes
观测值	2 202	2 202	2 111	2 111

注：***、**、*分别表示1%、5%、10%的显著性水平，括号中为经过White-robust调整的稳健标准误。

表 2.14 稳健性检验：考虑新产品（新服务）引入的影响（重复表 2.8 实证过程）

	(1)	(2)	(3)	(4)	(5)	(6)	(7)	(8)
	Probit	OLS	Probit	OLS	Probit	OLS	Probit	OLS
	检查概率	检查次数	检查概率	检查次数	检查概率	检查次数	检查概率	检查次数
surplus	−0.229 3***	−1.120 8***						
	(0.038 9)	(0.160 7)						
surplus_ r1			−0.269 1***	−1.337 2***				
			(0.050 0)	(0.210 8)				
surplus_ r2					−0.307 9***	−1.482 1***		
					(0.053 8)	(0.221 1)		
taxgro							0.029 1	−0.010 1
							(0.062 3)	(0.223 2)
newpr	0.147 7***	0.419 1***	0.149 2***	0.424 6***	0.149 0***	0.422 7***	0.148 6***	0.414 0***
	(0.018 1)	(0.074 5)	(0.018 1)	(0.074 7)	(0.018 1)	(0.074 6)	(0.018 3)	(0.076 0)
soe	0.059 2	−0.235 8	0.059 7	−0.231 9	0.059 9	−0.230 3	0.059 1	−0.225 8
	(0.054 8)	(0.209 0)	(0.054 8)	(0.209 0)	(0.054 7)	(0.208 9)	(0.055 2)	(0.211 1)
export	0.065 2***	0.289 3***	0.065 0***	0.286 2***	0.067 1***	0.296 1***	0.059 9***	0.260 4***
	(0.024 2)	(0.093 4)	(0.024 2)	(0.093 6)	(0.024 2)	(0.093 7)	(0.024 2)	(0.094 1)

表2.14(续)

	(1)	(2)	(3)	(4)	(5)	(6)	(7)	(8)
	Probit	OLS	Probit	OLS	Probit	OLS	Probit	OLS
	检查概率	检查次数	检查概率	检查次数	检查概率	检查次数	检查概率	检查次数
regu	0.007 6	0.053 1***	0.007 6	0.052 9***	0.007 6	0.053 4***	0.007 8	0.054 6***
	(0.005 8)	(0.020 8)	(0.005 8)	(0.020 7)	(0.005 8)	(0.020 8)	(0.006 1)	(0.021 9)
lnage	-0.009 9	0.107 1	-0.010 2	0.105 1	-0.010 7	0.103 4	-0.007 9	0.121 5*
	(0.017 7)	(0.068 1)	(0.017 8)	(0.068 2)	(0.017 8)	(0.068 3)	(0.017 8)	(0.068 8)
size	0.032 9***	0.149 7***	0.032 5***	0.148 2***	0.032 7***	0.148 8***	0.030 9***	0.141 3***
	(0.005 5)	(0.025 0)	(0.005 5)	(0.025 1)	(0.005 5)	(0.025 1)	(0.005 6)	(0.025 7)
court	0.072 2***	0.059 3	0.074 3***	0.068 4	0.073 8***	0.067 2	0.083 8***	0.124 5***
	(0.013 3)	(0.052 9)	(0.013 3)	(0.053 1)	(0.013 3)	(0.052 9)	(0.013 2)	(0.052 2)
business	-0.096 1***	-0.493 6***	-0.090 3***	-0.466 0***	-0.090 4***	-0.464 5***	-0.085 3***	-0.438 8***
	(0.027 6)	(0.110 4)	(0.027 6)	(0.110 3)	(0.027 5)	(0.109 9)	(0.028 0)	(0.111 7)
industry	Yes	Yes	Yes	Yes	Yes	Yes	Yes	Yes
观测值	2 591	2 500	2 591	2 500	2 591	2 500	2 591	2 500

注：＊＊＊、＊＊、＊分别表示1%、5%、10%的显著性水平，括号中为经过White-robust调整的稳健标准误。

2.5 进一步研究

2.5.1 税收征管对不同类型企业融资约束的影响

我国税务部门的税收征管活动存在较大“自由裁量权”，执行者有着较大的灵活性来决定执行力度，因此，税收征管的具体效果也不可避免地受到企业个体特征的影响，从而与税收公平的原则出现背离。我们将通过一系列分样本估计对税收征管的异质性效应展开深入分析。

（1）国有企业和民营企业的比较。由于国有企业样本数量的限制，在表 2.3 回归结果中没有发现产权性质对企业融资约束产生显著影响。但是，直觉上看，税收征管对国有企业和民营企业融资约束的影响可能存在差异。这是因为国有企业存在着“预算软约束”，能获得财政补贴和银行优惠贷款，即使税收征管能够规范其纳税行为，减少其留存收益，也不会影响其外部融资能力。并且国有企业的所有权性质本身可能弱化税收征管强度。而民营企业尤其是中小型民营企业面临着更多外部融资约束，税收征管所产生的征税效应将减少其留存收益，增加其外部融资需求，加剧融资约束。表 2.15 的分样本回归结果表明，变量 tm1、tm2 在国有企业样本中影响不显著，在民营企业样本中则显著为负。可见，税收征管加剧融资约束这一效应对民营企业而言更明显。

表 2.15 分样本估计：国有企业和民营企业的比较（Ordered Probit）

	(1)	(2)	(3)	(4)
	国有企业	国有企业	民营企业	民营企业
tm1	-0.168 8		-0.401 8***	
	(0.222 7)		(0.051 4)	
tm2		-0.083 9		-0.054 5***
		(0.088 4)		(0.014 4)
控制变量	Yes	Yes	Yes	Yes
观测值	117	108	2 426	2 342

注：***、**、*分别表示1%、5%、10%的显著性水平，括号中为经过 White-robust 调整的稳健标准误。

（2）制造业和服务业的比较。在 2012 年国务院推进“营改增”之前，服务业多征收营业税，而制造业多征收增值税，不同的税制结构是否对税收征管的经济效果产生影响？为此，本书进一步比较了税收征管对制造业企业和服务业企业融资约束的影响差异。表 2.16 列示的分样本估计结果显示，无论是制造业样本还是服务业样本，变量 tm1、tm2 系数都显著为负，且系数绝对值在制造业企业中略大。这说明，无论是制造业还是服务业企业，税收征管都会加剧其融资约束。这可能源于，相比于营业税和增值税，企业所得税税基的确定存在更大难度和主观性，所得税规避现象更加普遍，因此，税收征管活动的“征税效应”更多体现为抑制企业所得税的规避行为，征收营业税抑或增值税的差异并未对其产生显著影响。

表 2.16　分样本估计：制造业和服务业比较（Ordered Probit）

	(1)	(2)	(3)	(4)
	制造业样本	制造业样本	服务业样本	服务业样本
tm1	−0.496 2***		−0.226 7***	
	(0.067 5)		(0.077 8)	
tm2		−0.055 5***		−0.045 9*
		(0.018 4)		(0.023 6)
控制变量	Yes	Yes	Yes	Yes
观测值	1 578	1 514	965	936

注：***、**、*分别表示 1%、5%、10%的显著性水平，括号中为经过 White-robust 调整的稳健标准误。

（3）不同规模企业的比较。从纳税活动上看，规模越大的企业在纳税活动中往往具有越强的政企沟通能力和税务规划能力，但规模较大的企业作为重点税源也通常受到当地税务部门的关注，能为当地政府提供更多税收。因此，税收征管对企业融资约束的影响是否因规模而不同，取决于上述两种效应的综合作用。与方程（2.1）不同，本小节以企业雇员数目为标准衡量企业规模大小，遵循世界银行调查问卷对企业规模的划分：5~19 人为小型企业，20~99 人为中型企业，100 人及以上为大型企业。表 2.17 报告的分样本估计结果显示，总体而言，无论小型、中型还是大型企业，变量 tm1、tm2 系数都显著为负［第（4）列 tm2 的系数 p 值为 0.12］，因此企业规模未对税收征管活动的“征税效应”产生实质影响。

表 2.17 分样本估计：不同规模企业的比较（Ordered Probit）

	(1)	(2)	(3)	(4)	(5)	(6)
	小型企业	小型企业	中型企业	中型企业	大型企业	大型企业
tm1	-0.319 4***		-0.307 5***		-0.589 9***	
	(0.103 6)		(0.078 4)		(0.087 3)	
tm2		-0.068 8*		-0.035 3		-0.071 9***
		(0.040 0)		(0.022 8)		(0.022 3)
控制变量	Yes	Yes	Yes	Yes	Yes	Yes
观测值	533	520	965	935	1 045	995

注：***、**、*分别表示1%、5%、10%的显著性水平，括号中为经过 White-robust 调整的稳健标准误。

2.5.2 税收征管影响企业融资约束的机制检验

前述分析表明，税收征管会显著加剧企业融资约束。由于前文把融资约束看作企业经营情况的一个表象，那么，本书需要更深入地探讨税收征管活动直接影响企业经营的具体机制。直觉上看，税收征管活动发生在税务人员与企业之间，而不规范的税收征管活动会给企业增加负担。企业面对不规范的税收征管活动的困扰时，会采取一定的措施应对。因此，文章从这两方面分析税收征管活动的影响机制。

（1）税收征管与主观税负。税务人员在选择企业进行税收检查也是要考虑成本收益的，其目的是获取更多的税收，因此税收征管活动必然会与企业的税收负担直接联系。现有文献往往使用所得税率衡量企业税负水平，但由于问卷未提供企业所得税率信息，这里使用主观税负感受衡量企业税负。本小节按照如下原则构造描述企业税负水平的变量 burden：当企业被问及“税率对企业运营形成多大阻碍?”时，根据对应选项“没有障碍”“较小障碍”“一般障碍”“较大障碍”“非常严重障碍”将变量 burden 依次赋值为 0、1、2、3、4。burden 取值越大，表示企业主观感受到的税负水平越高。考虑到被解释变量 burden 为 0 到 4 之间的离散值，我们仍使用 Ordered Probit 模型进行实证估计。回归方程的关键解释变量为 tm1、tm2，所使用控制变量为：企业人力资本水平（human）、是否国有企业（soe）、营业增长率（growth）、企业年龄（lnage）、规模（size）、行业虚拟变量（industry）、所处地区是否为主要商业城市（business）、地区法治环境（law）①。

① 存货密集度也是影响企业税负的重要因素，但由于服务业在该项指标上存在缺失，本章未在方程中加入这一变量。

表 2.18 第（1）、（2）列报告了模型估计的偏回归系数，tm1、tm2 系数在 1%水平上显著为正，说明税收征管确实会增加企业主观税负。在控制变量中，变量 law 系数显著为负，表明良好的地方法治环境可以起到规范税务部门征税活动的作用，从而减少其对企业日常运营带来的负面影响（刘骏、刘峰，2014）。

表 2.18 税收征管对企业主观税负和非生产性支出的影响

	（1）	（2）	（3）	（4）
	Ordered Probit	Ordered Probit	OLS	OLS
	税负水平	税负水平	非生产性支出	非生产性支出
tm1	0.240 9***		0.215 5***	
	（0.049 2）		（0.061 3）	
tm2		0.098 5***		0.053 1***
		（0.020 3）		（0.020 3）
law	-0.096 3***	-0.117 8***	-0.190 0***	-0.166 9***
	（0.043 8）	（0.045 2）	（0.047 2）	（0.042 4）
其他控制变量	Yes	Yes	Yes	Yes
观测值	2 538	2 451	1 822	1 764

注：***、**、*分别表示 1%、5%、10%的显著性水平，括号中为经过 White-robust 调整的稳健标准误。由于部分样本企业未提供非正规支出信息，第（3）、（4）列回归使用的样本数会明显变少。

（2）税收征管与非生产性支出。税务人员在税收征管活动中的自由裁量权必然导致理性的企业对此做出应对，开展非生产性活动以求减少税负，在文献中这被称为“逼租”（Dong et al.，2016）。借鉴已有研究（李后建、马朔，2016），本节使用“企业提供给政府官员的非正规支出或礼物占销售额比重”衡量非生产性支出 rent①。尽管非正规支出可能由税收活动之外的因素（如通关、市场准入等）引发，但税收征管是政府与企业“打交道”的重要内容。本书将企业非生产性支出作为回归方程被解释变量，使用税收征管 tm1、tm2 作为关键解释变量，控制变量包括：外部竞争环境（competition）、是否国有企业（soe）、是否出口企业（export）、政府管制程度（regu）、企业年龄（lnage）、规模（size）、行业虚拟变量（industry）以及地区法治环境（law）、城市人均

---

① 非正规支付通过如下问题测度：“通常来讲，为‘把事情做好’企业需要提供非正规支付或礼物，这些事情涉及通关、税收、许可、规章及相关服务等，平均而言，像你们这一类的企业提供的非正式支付或礼物占销售收入的比例是多少？”

GDP（gdpper）、人口规模（自然对数）（lnpopu）、城市人力资本（cityhum）等。其中，人均 GDP、人口规模、城市人力资本均取滞后一期值，城市人力资本使用城市每百万人口高校数衡量。

表 2.18 第（3）、（4）列报告了相应的 OLS 估计结果，tm1、tm2 系数均在 1%水平上显著为正，说明税收征管的确增加了企业非生产性支出。控制变量中，law 系数显著为负，即地区法治环境改善有助于减少企业非生产性支出。为避免由“遗漏变量”导致的内生性偏误，我们使用前文构建的城市层面税收征管强度平均值 tm1_iv、tm2_iv 分别作为 tm1、tm2 的工具变量进行 2SLS 估计，结果表明税收征管依然对企业非生产性支出产生显著正向影响。

2.6 结论与启示

税务部门在税收征管环节的征管弹性制造着行政负担，影响着企业感知的实际税负，进而影响企业的现金流和融资约束。本书利用世界银行 2012 年中国企业调查数据，研究了税收征管活动对企业融资约束的影响。研究发现：不规范的税收征管活动会加剧企业融资约束，同时，面临财政压力的地方政府会向税务部门施压，强化税收征管活动。相比于国有企业，税收征管更容易加剧民营企业融资约束。而良好的法治环境可以缓解企业融资约束，约束地方政府行为，降低企业实际税收负担。税收征管还会显著提高企业的税负水平和非生产性支出。这表明，在中国当前的制度环境下，由于地方政府的财政压力和税务部门的自由裁量权，税收征管活动对于企业产生了行政负担，对于企业经营产生了负面影响。

习近平总书记在党的十九大报告中指出，要“加快建立现代财政制度，建立权责清晰、财力协调、区域均衡的中央和地方财政关系”，“深化税收制度改革，健全地方税体系”。本书为深入理解税收征管活动的经济效应提供了新的微观证据，也为推进税收征管改革，改善企业融资环境提供了一些政策启示。第一，文献中认为，税收征管产生的征税效应将不可避免地减少企业留存收益，增加企业实际税负水平，影响企业融资活动；同时，税收征管活动也是一种有效的公司治理外部机制，可以产生积极的治理效应，有助于企业长远发展。研究表明，中国目前的税收征管总体上体现出负面的征税效应，恶化了企业融资约束。因此，在今后的税收征管改革中，税务部门需要科学制定税收任务，深入推进办税便利化改革，简化纳税企业办税手续，提升税务部门工作效率和服务意识，减轻行政负担，降低企业纳税成本。大力提高信息技术在税收征管实务中的应用，通过不同部门之间的信息共享，提升税收执法工作的公平性。第二，研究表明，良好的法治环境会规范税务部门的征税活动，降低企业实际税负，提升企业融资可得性。因此，营造良好的地区法治环境，“把权力关进笼子里”，推进税收征管工作法制化，有助于企业的发展。要明确税务部门的权力边界、责任清单与执法细则，推进税收征管工作的规范化和公开化，通过制度约束、组织优化、信息公开等方式压缩税收征管工作的“自由裁量权”，加强社会公众对税收征管活动的监督力度，形成税收征管多方参与治理的局面。第三，地方政府的财政压力是影响税收征管活动的重要因素，如果地方政府一味追求税收高增长，则可能造成过高的企业税负，损害企业发展。因此，要按照党的十九大报告的精神，合理划分中央和地方提供公共服务的职责范围，增强地方政府的财权与事权的统一性，深化税收制度改革，通过健全地方税体系而合理增加地方税收收入；改进政府预算模式，建立全面规范透明、标准科学、约束有力的预算制度，实行“量入为出”的预算原则；探索社会资本提供公共服务的有效途径（如 PPP 模式），缓解地方政府的财政支出压力。

需要说明的是，由于样本数据的限制，在检验税收征管影响企业融资约束的具体机制之时，本书未能详尽检验税收征管对企业融资成本、避税规模等因素的影响。税务检查形式多样，其检查对象和实际效力很可能不同。另外，在现行的分税制下，由于管理体系、涉及税种、征税动机的差异，国税局与地税局税务检查的实际效力也存在明显差异，我们未能针对上述差异展开具体实证考察。上述几点将是未来研究深化的方向。

3 银行业竞争、金字塔结构与融资动机①

3.1 引言

自 2003 年开始，中国正式启动新一轮银行业改革，国有大型商业银行的垄断地位逐步削弱，银行业竞争度不断提升。国家“十三五”规划明确提出将“构建多层次、广覆盖、有差异的银行机构体系”作为加快金融体制改革的重要目标。图 3.1 给出了 2003—2014 年不同类型银行机构所占市场份额的变化趋势②。不难发现，大型商业银行所占市场份额从 2003 年的 58.03%下降到 2014 年的 41.21%；股份制商业银行所占市场份额从 2003 年的 10.70%上升到 2014 年的 18.21%；农村商业银行和农村信用社所占份额从 2003 年的 9.72%上升到 2014 年的 11.81%；城市商业银行和城市信用社所占份额从 2003 年的 5.82%上升到 2014 年的 10.49%。由此可见，大型商业银行所占市场份额显著下降，银行业金融机构呈现多元化发展格局。

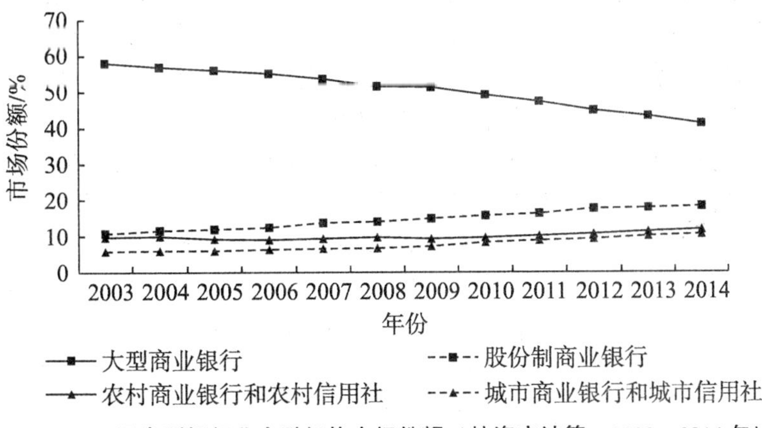

图 3.1 不同类型银行业金融机构市场份额（按资产计算，2003—2014 年）

---

① 原文《银行业竞争、金字塔结构与融资动机——来自中国民营上市公司的经验证据》发表于《珞珈管理评论》2018 年第 1 辑，本部分进行了小幅修改和调整。

② 数据来源：根据《中国银行业监督管理委员会 2014 年报》提供的数据计算而得。

银行业竞争对企业融资活动的影响一直是国内外学者关心的热点话题，围绕银行业竞争与企业融资可得性之间的关系，现有文献形成了“市场力量假说”和“信息假说”两种基本观点。其中，“市场力量假说”认为，银行业竞争促使银行降低贷款利率，提升经营效率和服务质量，进而增加企业融资可得性（Benfratello et al.，2007）；“信息假说”认为，银行业竞争会促使银行行为趋于短视，缺乏激励去挖掘以企业家才能、品格为代表的“软信息”，阻碍长期银企关系的形成，从而降低企业融资可得性（Petersen and Rajan，1995；陈刚，2015）。在经验研究方面，学者们也未取得一致意见，他们各自提供了支持上述两种论点的经验证据（Di Patti and Dell'Ariccia，2004；Beck et al.，2004；Cetorelli and Strahan，2004；Zarutskie，2006；Love and Peria，2015；Leroy，2019；Fungacova et al.，2017）。

在银行业主导中国金融体系的背景下，银行业竞争对中国企业经营行为的影响也是国内学者关心的热点话题。对于中国目前经济发展阶段而言，最优金融结构应以区域性中小银行为主导，因此，银行业竞争度提升意味着现有金融结构的不断优化，对推动企业发展具有积极意义（林毅夫 等，2009；方芳、蔡卫星，2016）。一系列经验研究表明，中国银行业竞争在缓解企业融资约束、加快企业资本结构调整、推动企业研发创新、促进企业成长等方面发挥了积极作用（蒋海、廖志芳，2015；方芳、蔡卫星，2016；蔡竞、董艳，2016；边文龙等，2017；Jiang et al.，2017）。

但值得注意的是，上述文献并未将研究视角拓展到企业股权结构层面。本书将通过手工搜集商业银行分支机构信息和上市公司金字塔层级数据，从经验上识别银行业竞争对企业金字塔股权结构的影响。研究发现，银行业竞争度提升有助于降低民营上市公司所处的金字塔层级。同时，无论是控制政府质量影响，还是考虑截面异方差和变量内生性，抑或变换银行业竞争度这一关键指标，上述基本结论依然成立。分样本估计显示，对于获得较少银行贷款、面临较强融资约束的民营上市公司而言，银行业竞争对金字塔层级的降低作用更显著。

相比于已有文献，本部分边际贡献体现在如下两方面：第一，为理解金融发展影响经济增长的机制提供了微观证据。一系列经典文献证实了金融发展对经济增长的重要推动作用（Levine et al.，2000）；然而，在正规金融发展不完善的中国，非正规金融被视为中国经济快速发展的重要推动力量，得到已有研究的充分重视（Allen et al.，2005；Allen et al.，2019）。本研究不仅丰富了“金融与经济”领域的相关文献，而且证实以银行业为代表的正规金融的发展日益成为推动中国企业发展的重要外部因素。第二，印证了民营上市公司金字塔股权结构的融资动机。金字塔股权结构在转型国家广泛存在，其形成机理一直是公司治理领域的热点话题。本书有助于我们从融资优势视角理解民营上市公司构建金字塔结构的动机，为改善民营上市公司治理结构和外部融资环境提供政策借鉴。

本章结构安排如下：第二部分为理论综述和研究假说；第三部分为研究设计，包括数据来源、模型设定和主要变量描述性统计；第四部分为实证结果分析，包括基准回归和一系列稳健性检验；第五部分为研究结论与启示。

3.2 理论综述与研究假说

金融发展与经济增长之间的关系一直是文献研究的热点话题。早期文献利用国家层面横截面数据证实了金融发展对经济增长的促进作用（King and Levine，1993；Levine et al.，2000）。后续文献为了解决因果关系识别问题，逐渐重视考察金融发展影响经济增长的微观机制，而考察银行业竞争对企业行为的影响正是检验这一机制的重要内容。

无论是理论还是实证上，银行业竞争对企业融资可得性的影响都存在不确定性，主要包括“市场力量假说”和“信息假说”两种基本观点。

一方面，大量文献证实银行业竞争度与企业融资可得性显著正相关，从而支持“市场力量假说”。例如，Beck et al.（2004）、Cetorelli and Strahan（2004）的研究都发现，较低的银行业竞争度会加剧企业融资困难，提高企业融资成本。Love and Peria（2015）利用53个国家的企业调查数据发现，银行业竞争度提升有助于改善企业融资可得性，且这一效应会受到外部金融环境的调节。同时，中国银行业竞争对企业融资可得性的正向影响也得到普遍证实。蒋海和廖志芳（2015）、边文龙 等（2017）证实银行业竞争能增加中小企业贷款、有效缓解中小企业融资约束；方芳和蔡卫星（2016）利用商业银行分支机构数据构建银行业竞争指标，证实银行业竞争能通过降低融资约束、扩大商业信用促进工业企业成长。蔡竞和董艳（2016）也按照类似思路构建银行业竞争指标，发现银行业竞争度提升能促进工业企业研发创新。Jiang et al.（2017）考察了银行业竞争对中国上市公司杠杆率调整速度的影响，发现银行业竞争度越高，上市公司能越快速调向目标杠杆率，对小企业和非国有企业而言，这种影响更强。

另一方面，诸多研究支持“信息假说”，即银行业竞争度提升会降低企业融资可得性，加剧融资约束。例如，Zarutskie（2006）考察了美国20世纪90年代放宽银行跨州设立分支机构对企业投融资活动的影响，发现由该举措产生的银行业竞争度外生增加导致新成立企业的外部负债和投资更少。Delis et al.（2015）基于美国296家银行和9 029家非金融企业的研究证实，较高的银行市场势力（即较低的银行业竞争度）对业绩不佳企业的融资和绩效存在显著正向影响。Fungacova et al.（2017）也得出了类似结论。他们利用欧洲 20 个国家的企业的数据发现，银行业竞争会提高债务融资成本，且这一效应对小企业而言更显著。Leroy（2019）证实当银行业竞争度提高时，金融依赖行业的全要素生产率的增长率会更低。此外，Di Patti and Dell' Ariccia（2004）证实了银行集中度与新企业设立之间的“钟形曲线”关系，即随着银行集中度提高（银行业竞争度降低），新企业设立概率先增加后降低。

尽管银行业竞争对企业行为的影响得到了学者的普遍重视，但银行业竞争对企业股权结构的影响却缺乏系统实证研究。本书将着眼于考察银行业竞争与民营上市公司金字塔结构之间的关系，评估银行业竞争对民营上市公司所处金字塔层级的实际效应。金字塔结构是世界范围内普遍存在的企业股权安排。已有文献认为，国有上市公司金字塔结构更多是出于“政府放权”需要；相比之下，民营上市公司金字塔结构往往产生“融资效应”和“攫取效应”[①]（苏坤，2013），尤其是民营上市公司金字塔结构的“融资效应”得到了基于不同国家数据的经验研究的广泛支持（李增泉 等，2008；Chong，2010；Masulis et al.，2011）。

由于中国金融市场不甚完善，相比于国有企业，民营企业在融资活动中面临更多所有权歧视和融资约束，因此，民营企业有较强动机通过替代性机制克服融资约束带来的障碍。金字塔股权结构形成的内部资本市场及其产生的杠杆效应，有助于增加企业外部融资能力，自然成为民营上市公司提升自身融资能力的重要途径之一（刘行、叶康涛，2014；李维安、韩忠雪，2013）。具体而言，随着民营上市公司所处的金字塔层级提高，其所处的内部资本市场将扩大，而且控股股东可以获取较高的债务乘数效应，债务融资能力将相应提升。基于这一理论逻辑，银行业竞争能够改善企业融资环境，进而弱化民营上市公司构建金字塔结构的动机。由此，我们提出如下研究假说：

假说 3.1：地区银行业竞争度提高，民营上市公司通过金字塔股权结构进行融资的动机减弱，其所处金字塔层级将降低。

3.3 研究设计

3.3.1 数据来源

本章的研究样本为沪深两市 2007—2013 年 A 股民营上市公司，我们依次剔

① 融资效应是指金字塔股权结构能够在企业集团内部形成资本市场，相比于外部融资市场，上市公司在内部融资过程中面临的信息不对称程度较低，进而享有较高的融资可得性。攫取效应是指上市公司控股股东通过建立复杂的金字塔结构，可以通过金字塔层级的提高加大控制权和现金流权的偏离程度，引发更多的控制权私利，进而攫取公司中小股东的利益。

除金融保险类、样本期间被"PT"或"ST"①、资料不全或数据缺失的样本数据。金字塔层级数据是作者根据年报控股关系图手工整理获得，其他相关财务数据主要源于国泰安（CSMAR）、色诺芬（CCER）等上市公司数据库。银行业竞争度数据来源于中国银保监会网站，通过查询各商业银行分支机构的金融许可证信息获得各家银行的支行、网点设立情况，包括设立时间、地理位置等。城市经济增长率、民营经济比重等城市层面数据来自对应年份的《中国城市统计年鉴》，政府质量数据来自世界银行（2007）发布的研究报告《政府治理、投资环境与和谐社会：中国120个城市竞争力的提升》。为了消除极端值可能带来的回归偏误，我们还对净资产收益率、营业增长率、资产负债率等连续变量进行了前后1%水平的 Winsorize 缩尾处理。

3.3.2 模型设定

我们通过方程（3.1）考察银行业竞争对民营上市公司金字塔层级的影响：

$$\text{layer}_{it} = \alpha_0 + \alpha_1 \text{bank}_{ct} + \alpha_2 \text{control}_{it} + \sum \text{industry}_j + \sum \text{year}_t + \varepsilon_{it} \tag{3.1}$$

方程（3.1）中，layer 代表民营上市公司所处的金字塔层级，当实际控制人直接控制上市公司时，layer 赋值为1，当实际控制人通过控制某公司从而控制上市公司时，layer 赋值为2，依次类推。当最终控制人与上市公司有多个链条控制关系时，我们以实际控制人最大控制权控制链条的层数为准。为了表述方便，变量 layer 取值越大代表民营上市公司所处的金字塔层级越高，反之亦然。关键解释变量 bank 代表上市公司所处城市的银行业竞争度，我们使用银行分支机构赫芬达尔指数（bank_hhi）和集中度（bank_cr5）两项指标衡量。具体计算公式如下：

$$\text{bank\_hhi} = \sum_{s=1}^{N_c} (\text{number}_{sc} / \sum_{s=1}^{N_c} \text{number}_{sc})^2 \tag{3.2}$$

$$\text{bank\_cr5} = \sum_{u=1}^{5} (\text{number}_{uc}) / \sum_{s=1}^{N_c} \text{number}_{sc} \tag{3.3}$$

其中，N_c 代表城市 c 内所有类型银行数量，number_{sc} 代表银行 s 在城市 c 中分支行数量，number_{uc} 下标 u 取值1到5代表城市 c 中分支行数量前五的银行。变量 bank_hhi 和 bank_cr5 是衡量城市银行业竞争度的逆向指标，即 bank_hhi 和 bank_cr5 取值介于0~1，取值越小代表城市银行业竞争度越高。在实际回归中，根据公式（X_i-X_{min}）/（$X_{max}-X_{min}$）对上述两个指标进行标准化，取值介于0~1。

① 沪深交易所对财务状况或其他状况出现异常的上市公司股票交易进行特别处理（special treatment），在其简称前冠以"ST"，这类股票称为 ST 股票。当上市公司出现连续三年亏损等情况，其股票将暂停上市，沪深交易所对这类暂停上市的股票实施特别转让服务，在其简称前冠以"PT"，称之为 PT 股票。

考虑到方程（3.1）中被解释变量 layer 为离散整数值，数值越大代表企业所处的金字塔层级越高，我们主要利用 Ordered Probit 模型展开实证估计。

另外，control 代表可能影响民营上市公司金字塔结构的因素。借鉴已有研究（陈德球 等，2011），我们选取如下控制变量：净资产收益率（roe）、第一大股东持股比重（first）、营业增长率（growth）、企业年龄自然对数（lnage）、资产负债率（lev）、总资产自然对数（lnasset）以及行业（industry）、年份（year）虚拟变量等。

3.3.3 描述性统计

表 3.1 给出了主要变量描述性统计。变量 layer 均值为 2.026，说明民营上市公司所处金字塔层级的均值略大于 2；变量 bank_hhi、bank_cr5 均值分别为 0.110、0.445，表明中国银行业集中度普遍较高；变量 roe、growth 离散系数分别为 1.115、1.880，这说明样本公司的盈利能力、营业增长率存在明显差异；变量 first 均值为 34.259，表示样本企业第一大股东持股比例均值为 34%，民营上市公司“一股独大”现象较为明显。

表 3.1 主要变量描述性统计

变量	样本数	均值	标准差	最小值	最大值
layer	4 884	2.026	0.945	1	8
bank_hhi	4 915	0.110	0.094	0	1
bank_cr5	4 915	0.445	0.230	0	1
roe	4 911	9.634	10.744	-35.889 4	42.168
first	4 915	34.259	15.118	0	95.95
growth	4 915	18.171	34.168	-60.271 9	176.700 9
lnage	4 915	2.472	0.483	0	3.526 4
lev	4 915	41.364	20.256	4.086 9	85.703 8
lnasset	4 915	21.423	1.011	17.822 7	25.400 3

表 3.2 给出了主要变量相关系数。可以看出，变量 bank_hhi、bank_cr5 都与变量 layer 之间呈显著的正相关关系，初步证实了银行业竞争度与民营上市公司所处金字塔层级负相关这一结论。同时，净资产收益率、营业增长率与金字塔层级显著负相关，而第一大股东持股比例、企业年龄、资产负债率、规模与金字塔层级显著正相关。不过，相关性分析并未考虑其他因素，更准确的研究结论还需通过多元回归分析获得。

表 3.2 主要变量相关系数

	layer	bank_hhi	bank_cr5	roe	first	growth	lnage	lev	lnasset
layer	1.000								
bank_hhi	0.039***	1.000							
bank_cr5	0.062***	0.861***	1.000						
roe	-0.028*	-0.001	-0.001	1.000					
first	0.047***	-0.057***	-0.094***	0.215***	1.000				
growth	-0.031***	-0.002	-0.002	0.310***	0.079***	1.000			
lnage	0.325***	-0.014	0.009	-0.110***	-0.183***	-0.087***	1.000		
lev	0.223***	-0.026*	0.007	-0.064***	0.005	0.067***	0.229***	1.000	
lnasset	0.159***	-0.075***	-0.074***	0.173***	0.132***	0.094***	0.168***	0.412***	1.000

注：***、**、*分别代表1%、5%、10%显著性水平。

3.4 实证结果及分析

3.4.1 银行业竞争对金字塔结构的总体影响

该部分首先关注银行业竞争对民营上市公司金字塔层级的影响。表3.3表明，无论是OLS估计还是Ordered Probit模型估计，变量bank_hhi和bank_cr5系数都为正且在1%水平上显著，这说明随着银行集中度增加，银行业竞争度降低，民营上市公司所处的金字塔层级会明显提高，这初步证实了假说3.1，证明民营上市公司金字塔股权结构存在“融资”动机，金字塔结构带来的债务融资放大效应和内部资本市场将有助于提升企业内外部融资能力（李增泉 等，2008）。

表3.3 银行业竞争与金字塔结构：基准回归

	OLS	OLS	Ordered Probit	Ordered Probit
	(1)	(2)	(3)	(4)
bank_hhi	0.395 4***		0.507 6***	
	(0.143 1)		(0.175 9)	
bank_cr5		0.176 5***		0.216 5***
		(0.056 2)		(0.072 4)
roe	-0.002 9***	-0.002 8***	-0.004 5***	-0.004 5***
	(0.001 4)	(0.001 4)	(0.001 7)	(0.001 7)
first	0.006 7***	0.006 8***	0.011 3***	0.011 4***
	(0.0009)	(0.000 9)	(0.001 1)	(0.001 1)
growth	-0.000 8*	-0.000 8*	-0.001 1***	-0.001 1***
	(0.000 4)	(0.000 4)	(0.000 5)	(0.000 5)
lnage	0.604 1***	0.600 4***	0.873 0***	0.868 0***
	(0.027 2)	(0.027 3)	(0.040 6)	(0.040 7)
lev	0.002 7***	0.002 7***	0.004 5***	0.004 5***
	(0.000 8)	(0.000 8)	(0.001 0)	(0.001 0)
lnasset	0.089 4***	0.088 2***	0.118 4***	0.117 0***
	(0.018 2)	(0.018 2)	(0.020 5)	(0.020 5)
截距项	-1.385 2***	-1.403 1***		
	(0.369 9)	(0.369 6)		
行业	Yes	Yes	Yes	Yes

表3.3(续)

	OLS	OLS	Ordered Probit	Ordered Probit
	(1)	(2)	(3)	(4)
年份	Yes	Yes	Yes	Yes
R^2	0.188 4	0.188 6		
Prob>chi2			0.000 0	0.000 0
观测值	4 815	4 815	4 815	4 815

注：***、**、*分别代表1%、5%、10%显著性水平，小括号中给出了经过White-robust调整的稳健标准误。

控制变量中，净资产收益率roe为负且至少在1%水平上显著，说明盈利能力更好的民营企业其所处的金字塔层级更低，这可能源于盈利能力较好的企业能获得较为充盈的内部现金流，弱化了企业通过金字塔结构进行融资的动机。企业年龄lnage系数在1%水平上显著为正，表明企业年龄对金字塔层级有显著正向影响。同时，营业增长率growth系数显著为负，资产负债率lev、资产规模lnasset系数显著为正，这说明成长性越好，民营上市公司所处的金字塔层级越低，而资产负债率越高、规模越大，民营上市公司所处的金字塔层级越高，这一系列结论与陈德球 等（2011）的研究相一致。成长性越好的上市公司外部融资能力越强，控股股东通过构建金字塔股权结构进行融资的动机越弱，而规模越大、负债率越高的民营上市公司融资需求往往越高，控股股东越有动机构建金字塔结构提高企业内外部融资能力。

3.4.2 银行业竞争影响金字塔结构的稳健性分析

前文结果初步证实，有效的银行业竞争有助于降低民营上市公司所处的金字塔层级，但上述结论并未剔除其他城市因素的影响。在政府质量较高的城市，金融资源配置更加公平且效率更高，金融市场上交易双方之间的信任程度更高，民营企业的融资可得性更高，通过金字塔结构进行融资的动机更弱；而在经济增长较快、民营经济更发达的城市，民营企业更容易发展壮大，更可能形成以金字塔结构为组织架构的企业集团。同时，政府质量更高、经济增长更快、民营经济更发达的城市更容易吸引银行分支机构进入，由此提升当地银行业竞争度。

基于上述分析，本书将在方程（3.1）中加入城市民营经济比重private、经济增长率gdpgro、政府质量等指标，并重新估计方程。其中，地区民营经济比重使用城镇私营和个体从业人员数除以年末单位从业人员数衡量，政府质量分别选用世界银行提供的“企业与政府打交道时间”（djd）、“当地企业对法庭的信心”（court）、“通关天数”（customs）三项指标衡量。表 3.4 提供了加入城市民营经济比重、经济增长率、政府质量之后的 Ordered Probit 模型估计结果。可以看出，变量 bank_hhi、bank_cr5 系数依然在 1%水平上显著为正，说明基准回归所得结论是稳健的。地区经济增长率 gdpgro 系数显著为正，说明经济发展越快的地区，民营上市公司金字塔层级越高，这与前述理论分析相符。变量 court 系数显著为负，而 djd、customs 系数并不显著，这部分证明了政府质量的改善会降低民营上市公司的金字塔层级。另外，民营经济比重 private 系数显著为负，这说明民营经济比重越高的地区，民营上市公司的金字塔层级越低。可能的原因在于，民营经济发展越好的地区，金融资源配置的市场化程度更高，民营上市公司面临的融资约束更少，通过金字塔结构进行融资的动机更弱。

由于样本数据时间跨度较短且截面个体数量较多，为了消除截面异方差可能造成的估计偏误，这里进一步使用面板 GLS 估计方程（3.1），结果列示在表 3.5 前两列。结果表明，变量 bank_hhi、bank_cr5 系数显著为正且在 1%水平上显著，可见“银行业竞争度提升有助于降低金字塔层级”这一结论是稳健的。

表 3.4 银行业竞争与金字塔结构：加入城市层面变量（Ordered Probit）

	(1)	(2)	(3)	(4)	(5)	(6)
bank_hhi	1.024 2***	0.912 1***	0.991 1***			
	(0.261 3)	(0.263 3)	(0.266 0)			
bank_cr5				0.344 0***	0.295 2***	0.334 9***
				(0.093 6)	(0.095 5)	(0.096 2)
其他变量	Yes	Yes	Yes	Yes	Yes	Yes
private	−0.068 0*	−0.072 2***	−0.065 5*	−0.054 3	−0.060 1*	−0.052 4
	(0.035 0)	(0.034 7)	(0.034 6)	(0.035 4)	(0.035 3)	(0.035 1)
gdpgro	0.022 0***	0.024 9***	0.022 3***	0.023 3***	0.026 1***	0.023 8***
	(0.008 9)	(0.008 8)	(0.008 9)	(0.008 9)	(0.008 7)	(0.008 8)
djd	0.000 3			0.000 4		
	(0.000 8)			(0.000 8)		
court		−0.002 3***			−0.002 1*	
		(0.001 1)			(0.001 1)	
customs			0.001 2			0.000 6
			(0.003 4)			(0.003 4)
Prob>chi2	0.000 0	0.000 0	0.000 0	0.000 0	0.000 0	0.000 0
观测值	4 097	4 097	4 097	4 097	4 097	4 097

注：***、**、*分别代表 1%、5%、10%显著性水平，小括号中给出了经过 White-robust 调整的稳健标准误。由于世界银行（2007）仅提供了中国 120 个城市的投资环境指标，本表使用的观测值会有所减少。

需要说明的是，方程（3.1）中变量银行业竞争度可能存在内生性问题。这源于，金字塔结构影响着企业融资能力，而企业融资能力会影响着银行分支机构进入；同时还存在不可观测的因素会影响城市银行业竞争度和民营上市公司金字塔结构。为有效解决变量内生性带来的回归偏误，我们需要在构造工具变量基础上展开 2SLS 估计。借鉴蔡竞和董艳（2016）的研究，我们将样本城市划分为三类：副省级城市、直辖市、同一省份内其他城市（副省级城市除外），使用同一类型城市的银行业竞争度均值作为工具变量。表 3.5 第（3）、（4）列汇报的 2SLS 估计结果表明，变量 bank_hhi、bank_cr5 系数依然显著为正且系数值显著增加。可以得出，考虑变量内生性之后，银行业竞争度增加依然有助于降低民营上市公司金字塔层级。

表 3.5 银行业竞争与金字塔结构：面板 GLS 和 2SLS 估计

	面板 GLS		2SLS	
	(1)	(2)	(3)	(4)
bank_hhi	0.276 9***		1.031 8***	
	(0.038 2)		(0.292 4)	
bank_cr5		0.135 1***		0.441 7***
		(0.013 5)		(0.112 8)
其他控制变量	Yes	Yes	Yes	Yes
Prob>chi2	0.000 0	0.000 0		
R^2			0.184 6	0.184 9
观测值	4 815	4 815	4 815	4 815

注：＊＊＊、＊＊、＊分别代表 1%、5%、10%显著性水平，小括号中给出了经过 White-robust 调整的稳健标准误。第（3）、（4）列进行弱工具变量检验的 Cragg-Donald Wald F 统计量远远大于 16.38 的临界值（10%显著性水平），说明弱工具变量问题并不存在。

进一步地，本章剔除了北京和上海的民营上市公司样本重新估计方程（3.1）。因为北京是很多商业银行总部所在地，而上海作为国际金融中心，也集聚了大量商业银行分支机构。表 3.6 前两列报告了剔除北京、上海两个特殊城市样本之后的回归结果。不难发现，变量 bank_hhi 和 bank_cr5 系数在 1%水平上显著为正，这说明银行业分支机构赫芬达尔指数和集中度增加，银行业竞争度降低，会提高民营上市公司所处的金字塔层级。

我们还使用原始的（而非标准化之后的）银行业赫芬达尔指数和集中度衡量银行业竞争度，并展开稳健性检验，结果列示在表 3.6 第（3）、（4）列。另外，我们还使用国有大型商业银行的赫芬达尔指数、分支行数量前三大银行集中度作为银行业竞争度的逆指标，结果列示在表 3.6 第（5）、（6）列。不难发现，即使我们变换了银行业竞争度指标，银行业竞争有助于降低民营上市公司金字塔层级这一结论依然稳健。

表 3.6 银行业竞争与金字塔结构：稳健性检验（OLS）

	剔除北京、上海样本		使用原始银行业竞争度指标		变换银行业竞争度指标	
	(1)	(2)	(3)	(4)	(5)	(6)
bank_hhi	0.539 1***		0.825 9***			
	(0.181 0)		(0.286 1)			
bank_cr5		0.240 6***		0.427 0***		
		(0.074 2)		(0.142 7)		
bank_hhi_s					1.370 7***	
					(0.412 8)	
bank_cr3						0.536 6***
						(0.141 2)
其他变量	Yes	Yes	Yes	Yes	Yes	Yes
Prob>chi2	0.000 0	0.000 0	0.000 0	0.000 0	0.000 0	0.000 0
观测值	4 379	4 379	4 815	4 815	4 815	4 815

注：***、**、*分别代表 1%、5%、10%显著性水平，小括号中给出了经过 White-robust 调整的稳健标准误。

3.4.3 银行业竞争对不同类型企业金字塔结构的影响

前述分析表明，银行业竞争有助于弱化民营上市公司构建金字塔结构进行融资的动机，但这一影响是否随着银行贷款多寡、融资约束强弱而发生改变？本小节将针对这一问题展开实证检验。首先，我们使用短期借款与长期借款之和除以总资产衡量银行贷款，使用 SA 指数衡量融资约束①。其次，利用银行贷款的中位数将样本企业分为银行贷款较少组、银行贷款较多组，分样本估计方程（3.1）。表 3.7 前四列结果表明，在银行贷款较少样本组，变量 bank_hhi、bank_cr5 系数为正且在 1%水平上显著，相比之下，在银行贷款较多样本组，

① SA 指数的具体计算公式为 $-0.737\times lnasset+0.043\times(lnasset)^2-0.04\times age$，其中 asset 代表总资产，age 代表企业年龄，SA 指数为负且绝对值越大代表企业受到的融资约束越强。SA 指数仅使用外生性较强的两个变量企业规模和年龄构建，而不依赖于具有较强内生性的财务指标，是刻画企业融资约束的良好指标，得到文献较为普遍的应用（Hadlock and Pierce，2010；鞠晓生 等，2013；卢太平、张东旭，2014）。

表 3.7 银行业竞争与金字塔结构：分样本比较（Ordered Probit）

	银行贷款				融资约束			
	较少 (1)	较多 (2)	较少 (3)	较多 (4)	较强 (6)	较弱 (5)	较强 (8)	较弱 (7)
bank_hhi	0.696 3***	0.347 0			0.673 0***	0.492 7***		
	(0.235 1)	(0.275 3)			(0.266 2)	(0.248 4)		
bank_cr5			0.330 4***	0.110 6			0.383 7***	0.105 4
			(0.103 8)	(0.103 8)			(0.104 1)	(0.104 1)
其他变量	Yes	Yes	Yes	Yes	Yes	Yes	Yes	Yes
Prob>chi2	0.000 0	0.000 0	0.000 0	0.000 0	0.000 0	0.000 0	0.000 0	0.000 0
观测值	2 389	2 426	2 389	2 426	2 426	2 389	2 426	2 389

注：***、**、*分别代表1%、5%、10%显著性水平，小括号中给出了经过 White-robust 调整的稳健标准误。

变量 bank_hhi、bank_cr5 系数并不显著。这说明，银行业竞争降低金字塔层级这一影响对银行贷款较少的民营上市公司而言更显著。表 3.7 后四列结果进一步表明，相对于融资约束较弱样本组，银行业竞争降低金字塔层级这一影响在融资约束较强样本组更显著。由此可见，银行业竞争弱化金字塔结构融资动机这一效应，对那些外部融资方面处于弱势地位的民营上市公司而言尤为明显。

3.5 结论与启示

金字塔股权结构是世界范围内普遍存在的现象。现有文献证实，对国有上市公司而言，金字塔股权结构是政府进行放权改革的重要途径，对民营上市公司而言，金字塔股权结构有助于提升企业融资能力（李维安、韩忠雪，2013）。因此，民营上市公司金字塔结构的融资动机成为学者们关注的热点话题之一。近年来，随着银行业改革深入推进，多元化的银行机构体系逐渐形成，商业银行业竞争度不断提升，这为我们识别民营上市公司金字塔结构的融资动机提供了良好视角。我们利用手工收集的商业银行分支机构信息衡量银行业竞争度，实证评估银行业竞争对中国民营上市公司金字塔结构的影响，并得到如下基本结论：银行业竞争会降低民营上市公司所处的金字塔层级，且这一效应对银行贷款较少、融资约束更强的企业样本而言更显著。

该结论意味着，银行业竞争度提升有助于改善上市公司外部融资环境，进而影响其股权安排和治理结构，这为我们评估银行业结构性改革的经济效应和理解金融发展影响经济增长的微观机制提供了新证据。自党的十八大以来，中央政府一直强调提升金融服务实体经济的效率和水平。中国银监会[①]也于 2017 年 4 月出台《关于提升银行业服务实体经济质效的指导意见》，提出深化普惠金融机制改革、推动民间资本进入银行业等重要举措。就现阶段而言，有序放宽银行业准入门槛、构建多层级银行机构体系，将有助于增加银行业服务实体经济的内生动力，改善民营上市公司发展的外部融资环境。这无疑对于提升中国企业可持续发展能力，推进中国经济转型升级，实现金融业发展与实体经济发展的“良性互动”具有重要意义。需要指出的是，本章仅利用商业银行分支机构数量信息构建银行业竞争度指标，忽略了不同分支机构经营效率上的差异；同时，商业银行分支机构数量仅反映了信贷市场的“供给”信息，而信贷市场的“需求”信息未被纳入研究框架。因此，从上述两方面完善银行业竞争度指标，将有助于我们得到更稳健可靠的研究结论。

---

① 2018 年 3 月，银监会与保监会合并为中国银保监会。

4 政企关系重构与企业创新决策[①]

4.1 引言

近年来，党中央、国务院一直将形成“大众创业、万众创新”的生动局面作为重要施政目标，并将创新发展确立为引领经济社会发展的五大发展理念之一。党的十九大报告更是强调“激发和保护企业家精神，鼓励更多社会主体投身创新创业”。企业是创新活动的主体，企业创新不仅是企业自我发展的内生选择，更是贯彻创新发展理念的关键环节。但现阶段，中国企业创新积极性和创新质量依然不尽如人意。《国家创新指数报告 2016—2017》显示，中国规模以上工业企业的平均研发投入强度（企业研发经费除以主营业务收入）不到 1%，有 80%左右的工业企业没有开展研发活动[②]。《中国企业创新能力百千万排行榜（2017）》表明，中国前 1 000 强高新技术企业的有效发明专利占比（有效发明专利数除以全部有效专利数）仅为 41.3%，明显低于美日欧发达国家[③]。因此，探索激发中国企业创新活力的有效路径成为理论界和决策层关心的热点话题。

在社会主义市场经济体制不断完善的进程中，以关系、声誉为代表的非正式制度对中国企业生存发展产生了重要影响（Allen et al.，2005），这其中，良好的政企关系在帮助企业获得外部资源方面的积极作用得到了文献广泛证实。从静态角度看，当企业资源有限时，政企关系产生的稳定、可观“收益”会削弱企业提升自身创新能力的努力（党力 等，2015）。然而，政企关系并非一成不变，企业构建和维护政企关系是一个动态过程，而地方政府人事变更为我们观察政企关系重构的经济效应提供了绝佳契机（陈刚、李树，2012）。现有文献也以政府人事变更为视角，深入分析了宏观经营环境变化下的企业策略性行为（戴亦一 等，2014；Chen et al.，2020；曹伟 等，2017）。

---

① 原文《政企关系重构如何影响企业创新?》发表于《经济评论》2019 年第 1 期，本部分进行了小幅修改和调整。

② 资料来源：任小璋. 中国企业创新能力迅速提升，每年三方专利数达 2 000 多件［EB/OL］.（2017-09-24）. http：//www. yicai. com/news/5349330. html? open_ source=weibo_ search。

③ 资料来源：李晓丹. 中国人民大学首次发布《中国企业创新能力百千万排行榜（2017）》［EB/OL］.（2017-04-08）. http：//www. eeo. com. cn/2017/0408/302054. shtml。

政企关系是决定企业行为和绩效的重要因素，而地方政府人事变更带来的政企关系重构势必对企业创新活动产生显著影响。理论上，地方政府人事变更会降低政企关系稳定性，增加企业面临的政策不确定性，而这两种效应都可能促进或者抑制企业创新活动开展，但总体上将如何影响企业创新？这种影响是否存在异质性？这种影响是否为非线性的？上述问题在现有文献并未得到系统解答。

基于此，本书将利用世界银行提供的2012年中国企业调查数据，考察地方政府人事变更导致的政企关系重构对企业创新的影响。本部分的边际贡献体现在两方面：第一，现有文献大多基于政策不确定性视角考察官员更替对企业行为的影响，对于政府人事变更如何影响企业创新关注较少。相比之下，我们关注特定时间段内的政府人事变更状况，从政企关系重构的视角拓展了地方政府影响微观经济活动和企业创新决策的文献，这为理解地方政府影响经济发展的具体机制提供了微观证据。第二，在经济转型背景下，提升企业创新能力无疑是中国经济实现创新驱动发展战略的基础和前提。然而，鲜有文献考察政府人事变更带来的宏观治理环境变化对企业创新的影响。本研究有助于进一步揭示企业创新决策的内在动机，为政府完善创新环境、调动企业创新积极性提供了政策启示。

4.2 理论综述和研究假说

近年来，越来越多的学者开始关注政府换届或人事变更对企业行为的影响。国外文献证实，政治选举引发的宏观政策不确定性将增加企业投资风险和等待价值，导致企业投资策略趋于谨慎（Bialkowski et al.，2008；Julio and Yook，2012），而“政府人事变更导致企业投资下降”这一现象也得到国内文献证实（曹春方，2013；徐业坤 等，2013）。同时，已有文献还从政策不确定性、政企关系重构、政企合谋等多维视角考察了政府人事变更对企业决策和价值创造的影响（钱先航、徐业坤，2014；干春晖 等，2015）。

围绕研究主题，本书地方政府人事变更可能通过两种机制影响企业创新：

第一，政企关系稳定性与企业创新。一方面，地方政府人事变更会使当地原有的“人情网”和“关系网”失效，导致政企关系重构，而新的“人情网”和“关系网”难以在短期内发挥作用（陈刚、李树，2012）。因此，政府人事变更较为频繁可能降低地区政企关系稳定性，弱化企业构建和维系政企关系的动机，促使企业将更多精力和资源投向创新活动。党力 等（2015）通过实证研究发现，中央反腐败增加了企业谋求特殊政企关系的相对成本，从而提高了企业创新激励。另一方面，政企关系稳定性的降低可能对企业创新存在负面影响。

频繁的政府人事变更可能导致地方政府先前针对企业做出的“承诺”（如投资协议、政策优惠）得不到有效执行，导致企业无法如期获得开展创新活动所需要的政策和资金支持（Zhu and Zhang，2017）。企业正常经营发展需要与地方政府“打交道”，获取和解读政策，反馈自身政策需求，为了与政府部门“彼此熟悉”“相互信任”，企业需要开展一系列非生产性活动，在政府人事变更较为频繁的情况下，企业家可能需要花费大量的时间和资源，这无疑会挤占企业用于创新活动的资源和时间。基于中国企业的实证研究也表明，频繁的地方政府人事变更可能加剧腐败给企业发展带来的危害（Zhu and Zhang，2017）；而腐败会扭曲市场对资源的有效配置，提高企业创新活动的交易成本，分散企业家实施创新战略的精力，弱化企业创新动机（李后建、张剑，2015）。可见，频繁的政府人事变更带来的政企关系稳定性下降可能促进或抑制企业创新活动。

第二，政策不确定性与企业创新。地方政府在政策制定和资源分配上拥有较大权限，且新一届地方政府对政策的解读能力和执行力度与往届政府可能不同，这就导致政府人事变更较为频繁的地区往往伴随着较大的政策不确定性。一方面，政策不确定性可能抑制创新活动，这是因为：从创新动机的角度看，当面临政策不确定性时，企业会采取更多避险措施（Gulen and Ion，2016），所以为了规避创新活动带来的失败风险，企业会延滞创新投资；而从创新资源的角度看，政策不确定性还会加大企业未来现金流和经营收益的不确定性，增加企业外部融资成本和融资约束，从而使企业开展创新缺乏足够的资金保障。陈德球 等（2016）就证实政策不确定性增加会抑制企业创新，降低企业的创新效率。另一方面，政策不确定性也可能促进企业创新。政策不确定性本身的风险部分“抵消”了创新活动的机会成本，且创新活动带来的专利产出将使企业在未来竞争中占据优势，由此导致企业在面临政策不确定性时加大创新力度，争取在市场竞争中胜出（郭平，2016）。孟庆斌和师倩（2017）的理论和实证研究均表明，在面临政策不确定性时，企业会通过研发活动以谋求自我发展，并获得竞争优势。顾夏铭 等（2018）构建的理论模型强调，经济政策不确定性对企业创新产生激励效应和选择效应，并证实了经济政策不确定性正向影响上市公司研发投入和专利申请量。因此，从政策不确定性的视角而言，地方政府人事变更可能对企业创新产生正面或负面两个方向影响。

结合上述两方面分析，本书提出如下研究假说：

假说 4.1a：地方政府人事变更频率对企业创新具有显著正向影响；

假说 4.1b：地方政府人事变更频率对企业创新具有显著负向影响。

“政企关系稳定性”与“政策不确定性”的影响机制密切相关，但也存在明显区别。稳定的政企关系有助于企业获得准确的政策信息，减少企业面临的政策不确定性。若政府能够及时、有效地公开政策信息，政策制定和实施“有章可循”，即使不依赖政企关系，企业面临的政策不确定性也较低；而当政府信息公开不足且政策频繁改变时，即便拥有稳定的政企关系，企业日常经营也会饱受政策不确定性困扰。地方官员更替影响企业创新的机制如图 4. 1 所示。

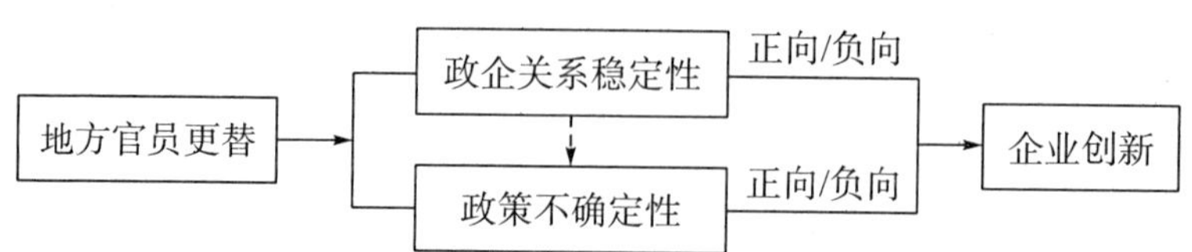

图 4. 1　地方官员更替影响企业创新的机制

地方政府人事变更对企业创新活动的影响可能随着企业规模差异而不同。一方面，相比于中小型企业，大型企业在推动地方经济增长、稳定就业、增加税收等方面发挥着举足轻重的作用，地方政府往往更关注大企业发展，且地方政府的这种偏好难以伴随政府换届而改变。这导致大型企业与政府存在更稳定的关系，弱化了频繁的政府人事变更对政企关系稳定性带来的负面影响。另一方面，大型企业能通过政府座谈会、参政议政、邀请官员调研等渠道反映自身诉求并影响政府决策，而中小型企业不具备这种有利条件。当地方新一届政府试图出台新的经济政策时，大型企业能凭借自身优势地位影响新政策制定并准确预期政策走向，因此，相比于中小型企业，频繁的地方政府人事变更给大型企业带来的政策不确定性更弱。我们提出如下研究假说：

假说 4. 2：相比于中小型企业，地方官员更替对大型企业创新的影响更弱。

地方政府人事变更对企业创新活动的影响可能受到国有股权比重的调节效应。较高的国有股权比重能为企业带来与政府部门天然、稳定的关系，这种关系更加稳固且不容易受地方政府人事变更的影响（宋增基 等，2014）。同时，国有股权能够为企业与政府部门之间的沟通和互动提供有效渠道，这有助于减少政府与企业之间的信息不对称，降低企业面临的政策不确定性。因此，对那些国有股权比重更高的企业而言，频繁的地方政府人事变更对政企关系稳定性和政策不确定性产生的效应更弱。本书提出如下研究假说：

假说 4. 3：较高的国有股权比重会弱化地方政府人事变更对企业创新的影响。

4. 3　研究设计

4. 3. 1　数据来源

本章数据来源于世界银行 2012 年在北京、上海、广州、深圳、杭州等中国

25 个大中城市所做的企业调查。除了上海、杭州等少数城市之外，其余城市皆选取 110~120 家样本企业。该调查涵盖制造业和服务业两大类行业的 2 848 家企业，其中，民营企业 2 700 家，国有企业 148 家，调查内容包含样本企业 2011 年在股权结构、基础设施与服务、销售与供应、竞争环境、创新与科技等方面的信息。该项调查通过分层随机抽样方法获取样本，具有较高准确性和代表性。由于一些样本企业在某些指标上存在缺失值，基准回归［表 4.2 第（1）列］用到的样本数为 2 363 个。

4.3.2　方程设定

为了检验地方政府人事变更对企业创新的影响，我们构建如下 Probit 模型：

$$\text{Prob}(\text{newpro}_i = 1) = \alpha_0 + \alpha_1 \text{gtfre}_c + \alpha_2 \text{firmvar}_i + \alpha_3 \text{cityvar}_c + \varepsilon_i \quad (4.1)$$

被解释变量 newpro 代表企业创新概率，当受访企业过去三年引进新产品或新服务时，变量 newpro 赋值为 1，否则赋值为 0。这里选择的企业创新指标延续王文春和荣昭（2014）、李后建和刘思亚（2015）的研究思路。我们还进一步使用当年新产品或新服务销售收入占企业销售总收入比重（即创新强度）newper 作为方程（4.1）的被解释变量，并采用 Tobit 模型进行方程估计。

关键解释变量 gtfre 衡量地方政府人事变更频率，考虑到中国各级地方政府的行政权力结构，延续现有文献的思路，这里主要关注城市党政一把手的变更状况。由于世界银行开展的企业调查反映了受访企业 2011 年经营状况，使用滞后期人事变更信息能在一定程度上减弱内生性，而且在横截面数据中，仅仅关注特定年份的人事变更情况可能导致指标测度“巧合性”。同时，新一届地方政府在任期伊始往往需要熟悉新环境和新岗位，开展走访调研，并不急于改变现有经济政策。同时，企业往往根据一定时间段内（而非特定年份）的政府人事变更情况，对外部治理环境形成稳定预期，并做出经营决策。基于上述分析，我们使用过去五年（2006—2010 年）[①] 城市党政一把手变更次数除以 5 构建变量 gtfre[②]。若变量 gtfre 估计系数显著为正，则说明假说 4.1a 成立；若变量 gtfre 估计系数显著为负，则说明假说 4.1b 成立。

我们还控制其他因素 firmvar 对企业创新的影响：

---

① 如果所选择时间段内（2006—2010 年）地方政府人事变更频率过低，可能会导致回归偏误。我们于是进一步统计了 2005—2010 年、2007—2010 年、2001—2010 年三个时间段的人事变更频率，年均值依次是 0.393 次、0.340 次、0.484 次，而 2006—2010 年的人事变更频率年均值是 0.400 次。可见，不同时间段内人事变更频率年均值的差异并不明显，这可能与我国五年一次的地方政府换届制度密切相关。

② 如果政府人事变更实际发生在 1 月至 6 月，则视当年发生人事变更；如果政府人事变更实际发生在 7 月份及以后，则视下一年发生人事变更。

非正规竞争 competition①，来自非正规部门的竞争会促使企业通过创新获得竞争优势，也可能增加企业短视行为，迫使企业“放弃”那些暂时挤占资源的创新活动；国有股权比重 govshare，等于各级政府部门持股比重之和，国有股权比重较高的企业能利用良好的政企关系获得稀缺政策性资源，弱化其创新动机；是否集团控制 group②，集团化经营能通过正向知识溢出和内部资本市场促进企业研发创新活动（黄俊、陈信元，2011）；产品出口比重 export，等于直接出口产品销售收入占总销售收入之比，出口越多的企业面临更激烈的国际市场竞争，需要通过创新不断提升产品品质、推出新产品；管理经验 management，使用企业总经理在本行业工作年限衡量，高管从业经验和工作阅历会影响其应对风险、获取资源的能力，进而对企业创新决策产生影响；员工受教育水平 edustaff，等于企业完成中等学业的正式员工比重，员工受教育水平越高，企业更容易引进、吸收、研发新产品和新技术；IT 指数 itindex③，在信息化建设背景下，IT 技术不仅提升了企业信息获取能力，更为创新活动提供了重要载体；资金是否充足 cashsuffi④，创新活动充满了风险和不确定性，创新活动的外部融资成本往往较高，而充足的内部资金成为企业开展创新的重要前提条件；法治环境 court⑤，当企业感受合法权益受到较强保护时，其开展创新活动的意愿更强；与政府打交道时间 djd，等于高管平均每周应对政府监管要求所花费的时间比例，与政府打交道过多，既会挤占企业家时间和企业资源，弱化企业创新动机，但也有助于企业形成相对稳定的政策预期，促使企业开展创新活动。另外，我们还控制企业成立年限 age、企业规模 size（使用企业员工总数的自然对数衡量）以及企业所属二级行业虚拟变量 industry。

考虑到本章所使用的是横截面数据，我们还在方程中加入了一系列城市层面控制变量 cityvar：是否省会城市或直辖市 iscapital（二元虚拟变量），省会城市或直辖市往往能凭借政治地位优势为辖区企业提供更多政策性资源和较好的软硬件环境；产业结构 structure，使用第三产业产值占 GDP 比重衡量，第三产业比重是刻画城市化水平的重要指标，而城市化水平的提高有利于企业创新（王文春、荣昭，2014）；城市经济增长速度 gdpgro（即城市 GDP 增长率），经

---

① 该变量根据如下问题赋值：非正规部门竞争对企业运行造成的障碍，对应选项“没有”“微弱”“中等”“主要”“非常严重”，变量 competition 依次赋值为 0、1、2、3、4。

② 当受访企业是集团企业的一部分时，group 赋值为 1；否则，group 赋值为 0。

③ 该变量赋值原则如下：受访企业回答信息沟通技术在合作伙伴关系、产品和服务改善、产品和运营、营销和销售、顾客关系等 5 个环节的支持程度，选项“从不”“较少”“有时”“经常”“总是”对应得分依次为 1、2、3、4、5，我们取 5 个环节分指标得分的算术平均值作为变量 itindex 取值。

④ 如果企业在 2011 年因资金充足而未申请银行贷款，cashsuffi 赋值为 1；否则，cashsuffi 赋值为 0。

⑤ 该变量根据如下问题赋值：法律系统是公平、公正、不腐败的，对应选项“非常不同意”“倾向于不同意”“倾向于同意”“非常同意”，变量 court 依次取值为 1、2、3、4。

济增长越快的城市能为企业创新活动提供越良好的市场环境；城市人力资本cityhuman，使用城市每百万人口高校数衡量，人力资本丰富的城市能为企业创业提供必要的人才支撑，而且能增强创新活动的"知识溢出"效应。

方程（4.1）的关键解释变量是城市层面的政府人事变更，而被解释变量是企业层面的创业活动，且地方政府人事变更可能是由上级政府根据当地经济社会发展实际需要做出的决策和部署，企业创新往往难以直接影响地方政府人事变更，这说明，实证回归中"互为因果"导致的内生性偏误并不严重；同时，实证方程尽可能加入影响企业创新的（企业和城市层面）相关因素，从而有效避免遗漏变量可能引发的内生性偏误。

4.3.3 描述性统计

我们根据2006—2010年地方政府人事变更次数分组观测企业创新表现。首先关注企业创新概率（如图4.2折线图所示），对地方政府人事无变更的城市而言，企业创新概率平均值为0.371；对地方政府人事变更发生1次、2次、3次的城市而言，企业创新概率平均值分别上升到0.392、0.529、0.542；对地方政府人事变更发生4次的城市而言，企业创新概率平均值下降到0.382。继续关注企业创新强度（如图4.2柱状图所示），对地方政府人事无变更的城市而言，企业创新强度平均值0.056；对地方政府人事变更发生1次、2次、3次的城市而言，企业创新强度平均值分别上升到0.091、0.139、0.162；对地方政府人事变更发生4次的城市而言，企业创新强度平均值下降到0.064。可见，地方政府人

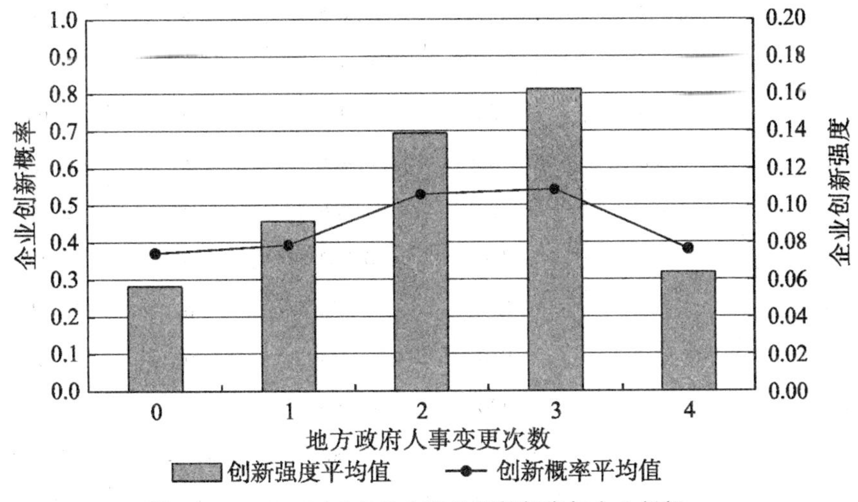

图4.2 2006—2010年地方官员更替频率与企业创新

注：左侧轴表示"企业创新概率平均值"，右侧轴表示"企业创新强度平均值"，横轴表示2006—2010年各城市政府人事变更总次数。

事变更频率与企业创新概率和创新强度存在一定的非线性关系。

表 4.1 报告了主要变量描述性统计结果。其中，变量 newpro、newper 均值分别为 0.464、11.386，说明在基准回归使用的样本企业中，有 46.40%的受访企业开展创新活动，而创新强度平均值为 11.39%。从企业对营商环境的主观评价上看，非正规部门竞争对企业运行造成的障碍得分（competition）均值 0.855，接近“微弱”；court 均值为 2.642，说明企业“倾向于同意”法律系统是公平、公正、不腐败的。

表 4.1 主要变量描述性统计

变量	样本数	平均值	标准差	最小值	最大值
newpro	2 839	0.464	0.499	0	1
newper	2 760	11.386	18.296	0	100
competition	2 818	0.855	0.884	0	4
govshare	2 838	6.789	24.037	0	100
group	2 848	0.144	0.351	0	1
export	2 844	6.791	20.264	0	100
management	2 782	16.473	7.590	1	55
edustaff	2 805	60.704	30.094	0	100
itindex	2 742	3.338	1.225	1	5
cashsuffi	2 713	0.431	0.495	0	1
court	2 806	2.642	0.681	1	4
djd	2 730	1.356	4.041	0	100
age	2 766	13.106	8.868	1	133
size	2 845	0.124	0.266	0	0.693 1
gtfre	25	0.400	0.252	0	0.8
gtfre_sj	25	1.040	0.735	0	2
gtfre_sz	25	0.960	0.735	0	2
iscapital	25	0.400	0.500	0	1
structure	25	45.793	9.748	31.74	75.11
gdpgro	25	13.065	1.635	10.3	17.5
cityhuman	25	4.400	3.015	0.426 4	10.925 7

4.4 实证结果及分析

4.4.1 地方政府人事变更对企业创新的总体影响

表4.2第（1）列报告的Probit模型边际效应系数显示，变量gtfre系数都在1%水平上显著为正，这说明地方政府人事变更会显著增加企业开发新产品的概率，初步证实假说4.1a成立。控制变量中，来自非正规部门的市场竞争competition对新产品开发概率有显著正向影响，这说明市场竞争压力促使企业通过创新活动赢得优势；国有股权比例govshare对企业创新概率有显著负向影响；集团控制group会显著提高企业创新概率，平均而言，集团控制企业比非集团控制企业开发新产品的概率高出10.45个百分点；高管管理经验management有助于促进企业创新，平均而言，总经理本行业工作年限每增加1年，企业创新概率会提升0.48个百分点；员工受教育水平edustaff对企业创新概率存在显著正向影响；IT指数itindex对企业创新概率存在显著正向影响。上述发现与前文理论预期相一致。值得注意的是，高管与政府打交道时间djd对企业创新概率有显著正向影响，背后的理论逻辑在于，与政府打交道尽管会占用高管精力与企业资源，但也有助于企业及时、准确获得政策信息，促使企业着眼于长远发展而开展创新活动。另外，企业规模size与创新概率显著负相关，一个可能的原因是，相比于小企业，大企业往往产品较为成熟，会将更多资源投入到营销和市场开拓环节，创新活动会相应减少。

另外，表4.2第（2）列报告的Tobit模型边际效应系数显示，变量gtfre的系数在1%水平上显著为正，可见，地方政府人事变更频率对企业创新强度同样有显著正向影响。

4.4.2 不同类型地方政府人事变更对企业创新的影响

我们进一步比较城市党政一把手变更的影响是否存在差异，除了关注特定时间段内（2006—2010年）政府人事变更情况，我们还考察当期（2011年）党政一把手的影响。这里构建两个二元虚拟变量gt_sj、gt_sz以分别表示当期市委书记、市长是否发生变更。表4.2第（3）至（6）列结果表明，变量gtfre_sj、gtfre_sz系数都在1%水平上显著为正，这说明，过往时间段内地方政府人事变更频率对企业创新概率和创新强度都有显著正向影响。相比之下，变量gt_sj系数不显著而gt_sz系数显著为正，这意味着两种职位的人事变更对企业创新的影响存在明显差异，这可能源于两种职位的工作侧重点和主要负责事项存在明显差异（罗党论 等，2016）。

表 4.2　政府人事变更与企业创新

	创新概率	创新强度	创新概率	创新概率	创新强度	创新强度
	(1)	(2)	(3)	(4)	(5)	(6)
	Probit 边际	Tobit 边际	Probit 边际	Probit 边际	Tobit 边际	Tobit 边际
gtfre	0.142 3***	6.779 2***				
	(0.040 2)	(1.398 0)				
gtfre_sj			0.066 4***		2.333 3***	
			(0.015 1)		(0.545 8)	
gt_sj			0.013 0		-0.413 9	
			(0.024 3)		(0.899 9)	
gtfre_sz				0.047 8***		2.584 1***
				(0.014 5)		(0.529 3)
gt_sz				0.127 3***		4.476 4***
				(0.021 8)		(0.738 7)
competition	0.029 7***	0.765 3*	0.027 2***	0.021 4*	0.645 5	0.487 5
	(0.011 2)	(0.405 6)	(0.011 2)	(0.011 4)	(0.407 8)	(0.408 7)
govshare	-0.002 6***	-0.083 7***	-0.002 6***	-0.002 5***	-0.083 8***	-0.083 7***
	(0.000 6)	(0.021 1)	(0.000 6)	(0.000 6)	(0.021 0)	(0.020 9)
group	0.104 5***	2.100 5***	0.103 9***	0.104 9***	1.938 6*	2.256 5***
	(0.028 7)	(1.010 1)	(0.028 7)	(0.028 7)	(1.026 1)	(1.008 1)
export	0.000 0	0.012 1	-0.000 0	0.000 1	0.008 0	0.014 6
	(0.000 5)	(0.018 3)	(0.000 5)	(0.000 5)	(0.018 4)	(0.018 0)
management	0.004 8***	0.092 0*	0.005 0***	0.004 1***	0.096 7*	0.067 6
	(0.001 4)	(0.049 5)	(0.001 4)	(0.001 4)	(0.049 6)	(0.048 9)
edustaff	0.000 8***	0.031 4***	0.000 8***	0.000 6	0.032 7***	0.025 9*
	(0.000 4)	(0.014 1)	(0.000 4)	(0.000 4)	(0.014 2)	(0.014 1)
itindex	0.101 3***	3.617 2***	0.102 1***	0.097 1***	3.643 0***	3.419 0***
	(0.007 6)	(0.310 9)	(0.007 5)	(0.007 5)	(0.311 3)	(0.309 2)
cashsuffi	0.000 9	-0.052 7	0.001 1	0.004 8	-0.103 1	0.043 7
	(0.019 3)	(0.699 7)	(0.019 4)	(0.019 3)	(0.707 6)	(0.696 1)
court	0.023 4	1.634 2***	0.023 0	0.024 3	1.766 1***	1.508 1***
	(0.014 8)	(0.547 3)	(0.014 7)	(0.014 9)	(0.551 2)	(0.556 6)

表4.2(续)

	创新概率	创新强度	创新概率	创新概率	创新强度	创新强度
	(1)	(2)	(3)	(4)	(5)	(6)
	Probit 边际	Tobit 边际	Probit 边际	Probit 边际	Tobit 边际	Tobit 边际
djd	0.012 8***	0.299 6***	0.011 6***	0.014 5***	0.285 7***	0.332 2***
	(0.004 9)	(0.110 1)	(0.004 7)	(0.005 0)	(0.105 4)	(0.120 9)
age	−0.001 5	−0.048 4	−0.001 5	−0.001 3	−0.052 7	−0.041 0
	(0.001 2)	(0.038 8)	(0.001 2)	(0.001 2)	(0.038 9)	(0.038 4)
size	−0.119 3***	−1.650 4	−0.116 2***	−0.141 7***	−1.631 3	−2.260 4
	(0.041 9)	(1.630 0)	(0.041 7)	(0.041 9)	(1.632 4)	(1.632 6)
行业	Yes	Yes	Yes	Yes	Yes	Yes
城市控制变量	Yes	Yes	Yes	Yes	Yes	Yes
观测值	2 363	2 322	2 363	2 363	2 322	2 322

注：＊＊＊、＊＊、＊分别代表1%、5%、10%显著性水平，小括号中给出了经过White-robust调整的稳健标准误。

4.4.3 地方政府人事变更影响企业创新的稳健性分析

本书从以下两方面展开对地方政府人事变更影响企业创新的稳健性检验：第一，变换关键解释变量。为检验前述结论稳健性，我们依次根据样本观测期前置六年（2005—2010年）、前置四年（2007—2010年）的地方政府人事变更次数重新构建变量gtfrc_r1、gtfre_r2，并重新估计方程（4.1）。第二，剔除直辖市样本。考虑到25个样本城市中包含北京、上海两个直辖市，由于这两个城市行政级别、经济社会发展水平明显不同于其他城市，我们剔除这两个城市的企业样本以检验前述结论的稳健性。上述两方面稳健性检验都表明，地方政府人事变更整体上有助于促进企业创新，假说4.1a仍然成立。

4.5 进一步研究

4.5.1 地方政府人事变更对不同规模企业创新的影响

进一步地，地方政府人事变更对企业创新的影响是否存在规模异质性？遵循世界银行对企业规模的划分并参照现有文献的处理方式（朱晶晶 等，2015；于文超 等，2018），我们将员工人数“5~19人”“20~99人”“100人以上”

的企业依次划分为小型、中型、大型企业。表 4.3 分样本估计结果表明，无论是创新概率还是创新强度，地方政府人事变更频率 gtfre 对不同规模企业创新都有正向推动作用，但比较之下，中小型企业所受影响相对较强，而大型企业所受影响相对更弱，这与假说 4.2 理论预期相符。

表 4.3 地方政府人事变更与企业创新：大、中、小型企业比较

	创新概率（Probit 边际）			创新强度（Tobit 边际）		
	(1)	(2)	(3)	(4)	(5)	(6)
	大型企业	中型企业	小型企业	大型企业	中型企业	小型企业
gtfre	0.098 6*	0.152 4***	0.224 4***	4.234 7***	7.592 2***	10.122 5***
	(0.059 1)	(0.065 2)	(0.091 2)	(2.009 7)	(2.359 7)	(3.258 3)
控制变量	Yes	Yes	Yes	Yes	Yes	Yes
观测值	948	894	501	939	879	504

注：＊＊＊、＊＊、＊分别代表 1%、5%、10%显著性水平，小括号中给出了经过 White-robust 调整的稳健标准误。

4.5.2 地方政府人事变更与国有股权对企业创新的交互影响

地方政府人事变更对企业创新的影响可能随企业股权结构的变化而不同。我们在基准方程（4.1）中加入地方政府人事变更与企业国有股权占比的交叉项，考察这两者对企业创新的交互作用。表 4.4 的回归结果表明，随着国有股权

表 4.4 地方政府人事变更、国有股权与企业创新

	创新概率	创新强度
	(1)	(2)
	Probit 边际	Tobit 边际
gtfre	0.160 4***	7.603 2***
	(0.041 9)	(1.453 4)
gtfre×govshare	−0.002 8***	−0.142 1***
	(0.001 4)	(0.052 3)
govshare	−0.001 2	−0.014 9
	(0.000 9)	(0.032 9)
控制变量	Yes	Yes
观测值	2 363	2 322

注：＊＊＊、＊＊、＊分别代表 1%、5%、10%显著性水平，小括号中给出了经过 White-robust 调整的稳健标准误。

比重增加，地方政府人事变更对企业创新的正向影响将被削弱，这表明假说4.3成立。正如前文理论分析，随着国有股权比重增加，企业与政府部门能开展良好的互动和沟通，地方政府人事变更产生的影响较弱，其对企业创新的促进作用随之弱化。

4.5.3 地方政府人事变更对企业创新的非线性影响

结合图4.2给出的地方政府人事变更频率与企业创新的关系，我们继续检验政府人事变更对企业创新是否存在非线性影响？我们在回归方程（4.1）基础上进一步加入政府人事变更频率平方项 gtfre_squ 并重新估计方程。表4.5的结果表明，变量 gtfre 及其平方项 gtfre_squ 系数分别在1%水平上显著为正、显著为负，可见，地方政府人事变更频率对企业创新概率和创新强度存在倒“U”形影响。以表4.5第（1）列结果为例，倒“U”形曲线拐点为0.5030，相当于2006—2010年5年里地方政府人事变更2.5次左右①。这是因为，过于频繁的政府人事变更会造成企业行为“短期化”和更多外部融资约束，由此损害企业创新活动。

表4.5 地方政府人事变更对企业创新的非线性影响

	(1)	(2)
	创新概率（Probit 边际）	创新强度（Tobit 边际）
gtfre	0.135 9***	6.496 3***
	(0.040 4)	(1.432 0)
gtfre_squ	−0.659 6***	34.088 6***
	(0.173 1)	(6.374 9)
控制变量	Yes	Yes
观测值	2 363	2 322

注：＊＊＊、＊＊、＊分别代表1%、5%、10%显著性水平，小括号中给出了经过 White-robust 调整的稳健标准误。

既然地方政府人事变更频率对企业创新存在倒“U”形影响，那么这种影响是否随政府管制和法治环境的差异而不同？参照张峰 等（2016）的研究，我们使用王小鲁 等（2017）提供的“政府与市场的关系”“市场中介组织的发育和法律制度环境”分别衡量政府管制水平、法治环境，分样本考察地方政府人

① 在构建地方政府人事变更频率平方项 gtfre_squ 的过程中，为避免共线性对估计结果的干扰，我们对变量 gtfre 进行了去中心化处理（即减去变量均值），因此，拐点的具体计算是：0.1359/（2×0.6596）+0.4000=0.5030。

事变更对企业创新的非线性影响①。估计结果表明，在政府管制较弱、法治环境较好的地区，地方政府人事变更频率对企业创新概率和创新强度有单调正向影响；相比之下，在政府管制较强、法治环境较差的地区，政府人事变更频率对企业创新概率和创新强度有倒“U”形影响，即随着人事变更频率增加，企业创新概率和强度先上升后下降。这一差异可能的解释是：过于频繁的地方政府人事变更会加剧企业行为短期化和融资约束。这种效应在政府掌握更多经济资源和较多“自由裁量权”的地区更加凸显。但在政府减少管制、法治环境逐步改善的背景下，政府较少介入微观经济活动和经济资源配置，地方政府在资源配置中的“自由裁量权”将被弱化，此时地方政府人事变更对企业经营环境的影响相对有限。

4.5.4 地方政府人事变更对政策不确定性的影响

地方政府人事变更影响企业创新的重要机制之一在于增加企业面临的政策不确定性（Cumming et al.，2016）。本小节将进一步检验这种机制是否成立。其中，企业面临的政策不确定性 pu 通过如下问题构建：政策环境不确定性对企业当前运行造成的障碍？对应选项分别是：“无障碍”“较小障碍”“一般障碍”“较大障碍”“非常严重障碍”，变量 pu 依次取值 0、1、2、3、4，数值越大代表企业面临的政策不确定性越高。为获得稳健一致估计量，我们使用 Ordered Probit 模型展开估计，相关控制变量与方程（4.1）相同。

表 4.6 第（1）列报告的 Ordered Probit 模型偏回归系数显示，变量 gtfre 系数为正但不显著，表明地方政府人事变更未必导致企业面临更大的政策不确定性。同时，考虑到受访企业在回答敏感问题时可能“刻意隐瞒”，我们构建二元虚拟变量 pu_dum 衡量企业面临的政策不确定性：当企业认为政策环境不确定性对企业运行无障碍时，变量 pu_dum 赋值为 0，否则，变量 pu_dum 赋值为 1。表 4.6 第（2）列报告的 Probit 模型边际效应系数表明，地方政府人事变更频率 gtfre 依然对政策不确定性无显著影响。同时，我们还加入平方项 gtfre_squ 继续估计方程，表 4.6 第（3）、（4）列结果表明，变量 gtfre 及其平方项 gtfre_squ 系数依然不显著。

---

① 王小鲁 等（2017）提供了 2008—2014 年省级层面数据，缺乏城市层面的相关指标。然而，中国市场化指数课题自 2000 年以来提供的各省份地区制度环境指标数据在已有文献中得到广泛应用；相比之下，城市层面的政府管制和法治环境尚缺乏成熟稳健的测度指标。同时，本书研究目标在于比较政府管制强与弱（或法治环境好与差）两种情形下，官员更替对企业创新的影响是否有存在差异，而非准确测度政府管制（法治环境）给两者关系带来的边际影响，通过省级数据匹配到城市层面可以实现这一目标。

表 4.6 地方政府人事变更与政策不确定性

	(1)	(2)	(3)	(4)
	Ordered Probit	Probit 边际	Ordered Probit	Probit 边际
gtfre	0.136 8	0.040 2	0.118 9	0.035 8
	(0.118 0)	(0.033 0)	(0.119 3)	(0.033 5)
gtfre_squ			-0.746 2	-0.199 2
			(0.536 6)	(0.147 6)
控制变量	Yes	Yes	Yes	Yes
观测值	2 331	2 331	2 331	2 331

注：＊＊＊、＊＊、＊分别代表 1%、5%、10%显著性水平，小括号中给出了经过 White-robust 调整的稳健标准误。

4.6 结论与启示

中国地方政府的激励一直是理解中国特色发展模式的重要切入点。地方政府人事变更带来的宏观治理环境变化对企业行为的影响，是学术界关心的热点话题。本章从政企关系重构的视角，系统评估特定时间段内的地方政府人事变更频率对企业创新的影响。研究表明：第一，地方政府人事变更越频繁的城市，企业创新概率和创新强度更高，且对于中小企业以及国有股权比重较低的企业而言，这种影响更强；第二，在考虑非线性关系的背景下，地方政府人事变更频率对企业创新有倒“U”形影响，即随着政府人事变更频率的增加，企业创新概率和创新强度先增加后降低，拐点位置相当于 2006—2010 年地方政府人事（党政一把手）变更 2.5 次左右。我们还初步排除了“政策不确定性”这一作用机制。

本书拓展了地方政府治理对企业行为影响的实证文献，具有丰富的政策内涵。在干部任期制度和干部交流制度背景下，地方政府人事变更在总体上有助于促进企业创新活动。这背后的经济学理论机制在于，合理的地方政府人事变更能有效打破政企关系网产生的“利益藩篱”，弱化企业构建政企关系网的动机，激励企业将更多资源和精力配置到创新活动。然而，过于频繁的政府人事变更可能会加剧地区经济政策变动，使企业行为变得更加保守、谨慎、短期化，损害地区营商环境，增加企业非生产性活动，进而对企业创新带来不利影响。由此可见，从企业创新的角度而言，地方政府人事变更频率存在最优的“度”，适度的政府人事变更有助于激励企业开展更多创新活动。近年来，中央政府为推动经济转型升级和创新发展致力于构建良好营商环境，明确提出构建“亲”“清”新型政商关系，深化政府“放管服”改革，营造法治、透明、公平的政策环境，本书结论与上述政策精神是相契合的。众所周知，政府治理提供的外部环境是企业决策的前提和基础。研究结论意味着，不断完善地方政府考核评价机制，调动广大干部干事创业、创新发展的积极性，是构建和完善营商环境、激发企业创新活力的重要着力点。

5 不确定性、营商环境与民营企业经营活力①

5.1 引言

改革开放以来，民营经济迅速崛起，已成为推动社会主义市场经济发展的重要力量②。但是，近一段时间以来，由于外部国际环境的变化和经济周期性因素的影响以及一些地区的营商环境建设滞后，民营经济发展面临着许多困境，企业生存压力有所增大。2016 年上半年，中国民间投资增速由 2015 年的 10.1%下降到 2.8%③。2018 年 11 月，习近平总书记主持召开民营企业座谈会，分析了民营经济发展遇到的困难和问题，明确提出支持民营经济发展壮大的六方面政策举措④。因此，探索激发民营企业活力的有效路径，在当下具有重要理论和实践价值。

在经济体制改革和经济全球化进程中，企业等市场主体面临着经营环境的不确定性。从国内层面看，随着中国经济进入“三期叠加”的特定阶段，为解决经济运行中的突出矛盾和问题，推动经济转型升级，政府往往频繁调整和出台一系列经济政策。不同任期地方政府经济发展思路和具体调控手段不同，对于上级政府政策的解读和执行也有差异，由此形成的地方政策不确定性给企业带来的困扰日益凸显（张峰 等，2019）。因此，民营企业面临的国内经营环境不确定性往往是地方政策不确定性，这主要体现为：地方政府未来政策走向的

---

① 原文《不确定性、营商环境与民营企业经营活力》发表于《中国工业经济》2019 年第 11 期，本部分进行了小幅修改和调整。

② 2018 年全国“两会”期间，全国工商联主席高云龙在接受媒体采访时指出：“民营经济对国家财政收入的贡献占比超过 50%；GDP 和固定资产投资、对外直接投资占比均超过 60%；企业技术创新和新产品占比超过 70%；城镇就业占比超过了 80%。”资料来源：海外网. 全国工商联主席谈民营经济贡献：有个“56789”说法［EB/OL］http：//news. haiwainet. cn/n/2018/0306/c3543388-31272165. html。

③ 资料来源：民间投资：隐忧中见机遇［EB/OL］. http：//epaper. gmw. cn/gmrb/html/2016-08/07/nw. D110000gmrb_ 20160807_ 2-02. htm。

④ 资料来源：中国军网. 习近平主持召开民营企业座谈会并发表重要讲话［EB/OL］. http：//www. 81. cn/jmywyl/2018-11/01/content_ 9330142_ 3. htm。

不明朗（即现有政策是否调整、何时调整、向何种方向调整），政策法规未来执行力度与实施效果的不可知，政策优惠承诺未来兑现的不确定，等等。从国际层面看，近年来，国际贸易环境日益复杂多变。国际货币基金组织 2019 年 1 月发布的《世界经济展望》指出：贸易紧张局势持续升级、欧元区经济放缓、新兴经济金融市场收紧等因素增加了国际经济增长的不确定性和下行风险①。尤其是中美贸易争端充满变数的情况下，外部环境挑战上升已成为中国经济面临的最大不确定因素，企业出口活动面临着较大压力和不确定性②，这也对企业正常运行带来了不容忽视的困扰。可见，民营企业面临的国际经营环境不确定性通常体现为贸易环境不确定性，这主要源自国外市场需求的周期性波动、关税壁垒的不可预期性、技术性贸易壁垒对全球供应链和产业链的负面冲击等。

地方政策的不确定性和贸易环境的不确定性增加大民营企业交易成本，进而对其经营活力造成负面影响。近年来，党中央、国务院立足于“营造稳定公平透明、可预期的营商环境”这一战略目标③，将推进“放管服”改革，优化营商环境作为激发市场主体活力和社会创造力的重要举措④，给民营经济吃“定心丸”。2019 年 10 月，国务院正式发布《优化营商环境条例》，填补了中国营商环境领域立法空白，从法律制度层面为优化营商环境提供更为有力的保障和支撑。“放管服”改革大幅改善了我国营商环境，在 2019 年 10 月世界银行发布的《2020 年营商环境报告》中，中国的排名连续两年大幅上升，跃居世界第 31 位。市场化、法治化的营商环境将理顺政府和市场的关系，缓解政府与企业之间的信息不对称，降低制度性交易成本，从而为民营企业调整应对不确定性提供制度保障。

值得注意的是，改革开放四十多年，在社会主义市场经济逐渐完善的过程中，民营企业主经常通过建立与政府的良好关系这一非正式机制来应对政策不确定性。企业主个人参政议政或工作经历形成的与政府部门的良好关系，不仅会增进政府与企业之间的沟通和信任，增强企业的政策解读能力，更能帮助民营企业获得政策资源，从而弱化政策不确定性的冲击。那么，地方政策不确定

---

① 资料来源：国际货币基金组织网站.《世界经济展望》2019 年 1 月更新：全球扩张减弱［EB/OL］. https://www. imf. org/zh/Publications/WEO/Issues/2019/01/11/weo-update-january-2019。

② 资料来源：中国政府网. 李克强在全国深化“放管服”改革优化营商环境电视电话会议上的讲话［EB/OL］. http://www. gov. cn/xinwen/2019-07/28/content_ 5416035. htm。

③ 资料来源：中国政府网. 习近平主持召开中央财经领导小组第十六次会议［EB/OL］. http://www. gov. cn/xinwen/2017-07/17/content_ 5211349. htm。

④ 世界银行发布的《2019 年营商环境报告》显示，中国位列 190 个经济体的第 46 位，较上一年提升 32 位，并跻身营商环境改善排名前十经济体。资料来源：澎湃新闻，https://www. thepaper. cn/newsDetail_ forward_ 2586729。2019 年 10 月，世界银行发布的最新一期《2020 年营商环境报告》表明，中国营商环境便利度名列全球第 31 位，相较于上一年度再次提升 15 位，首次进入全球前 40 位。资料来源：澎湃新闻，https://www. thepaper. cn/newsDetail_ forward_ 4758652。

性和贸易环境不确定性这两种经营环境的不确定性对于民营企业经营活力的影响如何？营商环境改善和政企关系构建两种方式中，哪种能更加有效地应对经营环境的不确定性？这是我们所关注的问题。

本书基于 2012 年全国私营企业调查数据，利用企业开工率刻画企业经营活力，考察地方政策不确定性和贸易环境不确定性对民营企业活力的影响及其机制。研究表明，地方政策不确定性对民营企业经营活力有显著负向影响，而贸易环境不确定性并未显著影响民营企业活力。平均而言，样本城市的政策不确定性指数每增加一个标准差（0.35），民营企业开工率会降低 1.36 个百分点。上述结论具有较强稳健性。地方政策不确定性对于民营企业开工机会的影响与企业主构建的政企关系无关，而与营商环境有关。随着政府管制的减少、非国有经济的发展以及法治环境的改善，地方政策不确定性对民营企业开工率的负面影响也将减弱。因此，市场化、法治化的营商环境是应对经营环境不确定性、提高民营企业活力的最好途径，而非个人化的企业主构建的政企关系。同时，无论是区分企业是否有国际化背景，还是区分企业的行业特征，贸易环境不确定性都未显著影响民营企业经营活力。中介效应检验还发现，地方政策不确定性通过增加民营企业摊派费、公关招待费和税费支出等方式挤占生产性资源，从而损害民营企业活力。

与本书较为接近的研究是考察地方政府行为与企业产能利用率关系的文献。其中，干春晖 等（2015）、余东华和吕逸楠（2015）、徐业坤和马光源（2019）等文献强调，地方政府过度干预会扭曲正常的市场配置机制，刺激企业盲目扩张产能，造成潜在生产能力的闲置，降低企业产能利用率。区别于上述文献，本书强调地方政策不确定性下民营企业在自身经营中的调整行为会导致有限的生产性资源被挤占和企业开工率减少。本章还比较了营商环境建设和政企关系构建对于企业应对不确定性的不同影响。

不确定性下的企业决策和绩效受到了理论界的普遍关注，其中经济政策不确定性对企业行为的影响是这一领域文献的热点话题。自 Baker et al. （2016）利用国际主流媒体的新闻报道构建经济政策不确定性指数以来，该领域实证研究得到极大拓展。国外研究者利用 Baker 等人开发的不确定性指数证实，经济政策不确定性会增加金融市场风险和企业避险动机（Pastor and Veronesi，2013；Kang et al. ，2014；Gulen and Ion，2016；Bonaime et al. ，2018）；而国内学者在中国背景下使用这一指数发现，较高的经济政策不确定性会引发企业采取相应的避险活动，诸如延滞投资、增加现金持有、减少商业信用供给和金融资产配置、降低资本结构调整速度和产品创新等（李凤羽、杨墨竹，2015；饶品贵、徐子慧，2017；彭俞超 等，2018；陈胜蓝、刘晓玲，2018；王朝阳 等，2018；张峰 等，2019）。此外，关于贸易政策不确定性如何影响企业行为，国内外学者利用中国2001年加入世界贸易组织这一标志性事件，从出口企业进入和退出决策、企业储蓄率、企业出口活动（包括出口产品分布和质量、出口稳定性）等多个角度评估了降低贸易政策不确定性所产生的积极经济效应（Feng et al.，2017；Handley and Limao，2017；Facchini et al.，2019；汪亚楠、周梦天，2017；周定根 等，2019）。近期一些研究还使用关税数据测度贸易政策不确定性，进一步丰富这一领域研究（Crowley et al.，2018；钱学锋、龚联梅，2017；魏悦羚、张洪胜，2019）。除此之外，随着中国对外开放水平的不断提升，国际贸易活动在中国宏观经济运行中的作用日益凸显，贸易环境不确定性往往会引发宏观经济波动和不确定性，有关宏观经济不确定性与企业行为的文献同样与本部分主题密切相关（Kim and Kung，2017；Wang et al.，2017；王义中、宋敏，2014；刘海明、曹廷求，2015）。但遗憾的是，现有文献并未将地方政策不确定性与贸易环境不确定性同时纳入研究框架，且鲜有文献深入考察经营环境不确定性对民营企业经营活力的影响及其机制，弥补上述缺憾正是本章研究的出发点。

本章可能的贡献体现在三方面。第一，丰富了不确定性风险影响企业行为具体机制的相关文献。大量文献考察了政策不确定性（包括贸易政策不确定性）和宏观经济不确定性对企业投资、研发、风险承担、现金持有、融资等经营活动的影响（Kang et al.，2014；Xu et al.，2016；王义中、宋敏，2014；毛其淋、许家云，2018），并主要从损失规避和机遇预期两种角度进行理论解释；相比之下，本书基于国内和国外两个视角将地方政策不确定性和贸易环境不确定性同时纳入研究框架，从资源挤出的视角分析比较了这两类不确定性对民营企业活力的影响及其机制，从而为观察不确定性环境下的企业决策提供了新证据。第二，本书拓展了地方政府影响经济发展的机制研究。现有文献证实，地方政府会通过构建产权保护和契约实施环境、行政审批、税收征管等行为影响企业等微观市场主体的决策和绩效（陈德球 等，2012；吴超鹏、唐菂，2016；于文超 等，2018；毕青苗 等，2018），进而影响地方经济发展效率和质量。经济政策作为政府塑造企业经营环境的重要途径，其不确定性将通过何种机制影响民营企业经营活力，尚缺乏系统严谨的实证研究。我们利用特定时间段内的地方政府人事变更情况刻画地方政策不确定性，考察其对民营企业开工率的影响，为理解地方政府影响经济发展的微观机制提供了新证据。第三，本书为理解新型“亲”“清”政商关系的重要作用提供了经验基础。研究发现，营商环境而非个人化的企业主（构建的）政企关系可以有效缓解政策不确定性冲击。所以，构建“亲”“清”的政商关系不仅是政府部门改革的目标，也是民营企业自身健康发展的需求。此外，法治是最好的营商环境，市场化、法治化的营商环境是民营企业化解不确定性风险，保持经营活力的保障。在世界经济愈发动荡、中国经济挑战重重、“黑天鹅”“灰犀牛”等各种不确定性冲击日益突出的今天，深化“放管服”改革，大力改善营商环境，建设发展软环境，不仅是中国经济长期健康发展的保证，也是中短期内企业应对各种冲击，保持经营活力，维持经济向好势头的重要依托。

本章的结构安排如下：第二部分为理论综述与研究假说；第三部分为研究设计；第四部分为实证结果及分析；第五部分为进一步研究；最后一部分为结论与启示。

5.2 理论综述与研究假说

地方政策不确定性带来的经营环境变化可能引发民营企业一系列策略性行为：①增加非生产性支出。当面临地方政策不确定性时，企业现金持有需求增强，银行等金融中介机构的风险规避动机提高（Huang et al.，2015；Chi and Li，2017），加之缺乏政府信用隐性担保，民营企业面临的外部融资约束将更强（纪洋 等，2018）；同时，地方政策不确定性还可能增加民营企业决策失误风险，减少民营企业预期收益。民营企业为克服不确定性风险，可能将更多注意力转向政商关系、企业间关系等关系网络的构建和维系。其中，良好的政商关系能通过“资源效应”和“信息效应”帮助民营企业获得更多银行贷款、财政补贴等政策性资源（余明桂 等，2010；于蔚 等，2012），确保民营企业在不确定性环境下具备充足流动性和必要的财务柔性。良好的政商关系还能帮助民营企业熟悉经济政策走向和执行强度，相机调整经营策略，进而在市场竞争中赢得优势和先机。同时，良好的企业间关系能产生信息传递和风险分担效应，这有助于缓解民营企业面临的政策不确定性，帮助民营企业通过“抱团取暖”的方式克服不确定性风险。然而，民营企业与地方政府之间通常缺乏制度层面稳定的沟通机制，构建和维系政商关系需要民营企业主动采取相应的策略性行为，包括承担地方政府的行政性收费和强制性摊派，增加慈善捐赠，以及（可能）开展相对隐蔽的寻租活动等，这些都会增加企业非生产性支出（戴亦一 等，2014；申宇 等，2015）。此外，民营企业之间关系的维系和加强也往往伴随着公关招待支出的增加。综上可知，地方政策不确定性会增强民营企业通过非生产性活动构建和维系政商关系和企业间关系的动机。②增加税费支出。在地方政策不确定性背景下，民营企业税收筹划或逃税避税行为会更加谨慎，因为一旦未来税收征管或审计趋于严格，民营企业逃避税收行为可能面临税务机关的巨额罚款以及相应的声誉损失（Hasan et al.，2014）。尤其是当地方人事变更导致地方政策不确定性时，民营企业的逃避税收活动将受到更多约束和规范。这是因为：地方政府在经历人事变更之后会有较强动机努力完成税收任务，筹集充足的财政资金（Gao and Liang，2016；Liu et al.，2015；卢洪友、张楠，2016），民营企业为了在政府人事变更之后赢得地方政府信任和好感，构建更稳固的政商关系，也会主动减少避税，配合地方政府的征税努力。需要强调的是，企业在纳税实践中，除了缴纳显性的税费之外，还需要支付一系列隐性的行政性费用（于文超 等，2018），因为行政性费用等非税收收入也是地方政府筹集财政资金的有效途径之一。由此可见，缴纳更多税费也是民营企业应对地方政策不确定性的理性选择。

自中国2001年正式加入世界贸易组织（WTO）以来，中国经济愈发融入世界，全球化进程成为中国经济增长的根本驱动因素（刘瑞翔、安同良，2011）。因此，贸易环境不确定性显著影响微观市场主体对宏观经济环境的预期和判断。即便企业没有直接进行国际贸易和合作，也可能通过上下游产业链间接参与国际贸易体系，进而受到贸易环境不确定性的影响。在贸易环境不确定性环境下，各类市场主体对宏观经济预期会更悲观。尤其是那些直接开展国际经济活动的企业，由于其预期盈利能力将下降，为应对不确定性会增加现金持有和储蓄；同时，宏观经济环境变化会导致金融机构的资金供给意愿降低，由此可能加剧企业面临的融资约束（毛其淋、许家云，2018；刘海明、曹廷求，2015；Chi and Li，2017）。根据前述理论分析，缺乏政府隐性信用担保的民营企业有较强动机通过非生产性活动构建和维系良好的政商关系，以改善融资环境、获得更多政策性资源，进而在不确定的经营环境中赢得优势。从这一角度而言，贸易环境不确定性也可能增加民营企业非生产性支出。另外，当面临较大的贸易环境不确定性时，地方宏观经济可能面临着较大下行压力，地方政府为刺激经济增长、稳定就业、改善市场主体预期，通常实施积极财政政策，这会增加地方政府债务规模和财政压力，促使当地税务部门加强针对辖区企业的税收征管（于文超 等，2018）。民营企业出于构建政商关系和获取长远收益的考量，可能主动迎合政府诉求并帮助地方政府"排忧解难"，增加纳税支出甚至缴纳"过头税"，这有助于民营企业树立"积极承担社会责任"的良好印象。可见，地方政策不确定性和贸易环境不确定性本质上都会带来经营环境不确定性，对民营企业行为决策产生相似影响。

综上所述，地方政策不确定性或贸易环境不确定性，不仅增加了民营企业获取外部融资的难度，而且会挤占民营企业既有生产性资源，这无疑会抑制民营企业生产性活动的开展，进而降低其经营活力，我们据此提出如下假说：

假说5.1：控制其他因素不变，地方政策不确定性或贸易环境不确定性都会显著损害民营企业活力。

若上述两类不确定性能在总体上损害民营企业活力，那么这种影响可能随企业特征的不同而存在异质性，其中很重要的因素便是企业是否拥有良好政企关系①。在充满不确定性的经营环境中，那些拥有良好政企关系的民营企业能够通过多年积累、沉淀下来的政企沟通机制（如企业家参政议政）与政府部门进行有效沟通，其通过非生产性活动重建政商关系的动机较弱。同时，良好的政企关系还能发挥资源配置效应和产权保护效应，并向市场传递企业经营实力的积极信号，这有助于降低民营企业税收负担，改善民营企业外部融资环境（于蔚 等，2012；李维安、徐业坤，2013）。因此，良好的政企关系可能是民营企业应对经营环境不确定性的重要“缓冲机制”，可能弱化不确定性对民营企业活力的负面影响。但不容忽视的是，良好的政企关系也可能导致民营企业对政策性资源的过度依赖，使企业将过多资源配置到与地方政府的交往活动中，从而忽视了市场信息搜集能力、市场风险应对能力与自主创新能力的提升（党力 等，2015）；同时，拥有良好政企关系的民营企业可能对当地发展理念和产业政策的变化更加敏感（徐业坤 等，2013），应对贸易环境不确定性的能力更弱，地方政策调整和国际贸易市场波动会使这部分民营企业“首当其冲”。从这一角度而言，良好的政企关系会加剧两类不确定性对民营企业活力的负面影响。

基于上述两方面分析，我们提出两个竞争性研究假说：

假说 5.2a：经营环境不确定性对民营企业经营活力的影响在拥有良好政企关系的民营企业中更弱；

假说 5.2b：经营环境不确定性对民营企业经营活力的影响在拥有良好政企关系的民营企业中更强。

经营环境不确定性对民营企业经营活力的影响同样会受到营商环境的调节作用。由于区域发展的不平衡，各地营商环境尚存在较大差异，表现为市场化程度的差异。市场化程度较高的地区，当地政府对经济资源配置的干预和管制更少，要素市场发育更好，民营经济更加活跃，企业对于政商关系所带来的政策性资源的依赖减少，企业纳税活动和地方政府税收征管更规范，民营企业面临的融资环境和信用环境更好。因此，两类不确定性给民营企业带来的负面冲击将减弱。根据上述分析，我们进一步提出如下假说：

假说 5.3：经营环境不确定性对民营企业经营活力的影响随着地区营商环境的改善而减弱。

---

① 国内文献主要通过企业高管是否有政府任职经历、是否曾任或现任人大代表或政协委员测度企业政治联系并展开实证研究（于蔚 等，2012；魏下海 等，2013；Fisman and Wang，2015）。从理论上而言，政企关系具有多维性和复杂性，涵盖范围更加宽泛，政治联系是其中重要维度之一，除此之外，政府与企业之间形成的一系列非正式关系（如私人关系、工作关系）均可纳入政企关系研究范畴。

5.3 研究设计

5.3.1 数据来源

本章使用的数据来源于中央统战部、全国工商业联合会、国家工商行政管理总局和中国民（私）营经济研究会四家机构成立的私营企业研究课题组展开的2012年私营企业调查。该项调查每两年实施一次，2012年该项目实施第十次调查，调查内容涉及企业主要出资人情况、企业发展状况以及企业发展环境等方面。受访的样本企业通过分阶段抽样手段确定，首先确定各省（自治区、直辖市）抽样户数，然后在每个省（自治区、直辖市）抽取县（县级）市，最后按照城乡比例，分行业抽取被调查企业，计划调查4 800家，实际调查5 073家。2012年的调查详细询问了民营企业开工率、企业家政治身份等信息，为文章开展相关实证研究提供了支撑。各城市2001—2010年政府人事稳定性信息来源于择城网、百度百科等网络公开资料的收集整理，各省份进出口贸易月度数据和国内生产总值季度数据分别来自EPS（economy prediction system）数据平台的“中国地区贸易数据库”和“中国宏观经济数据库”，其他城市数据来自《中国城市统计年鉴》。在实际使用过程中，文章剔除了指标数据缺失的样本，并对连续变量进行了前后1%水平Winsorize缩尾处理，以克服极端值对估计结果的干扰。在展开回归估计之前，我们首先剔除无法确定所在城市以及所在城市政府人事稳定性信息不完整的企业样本，然后将回归方程变量指标中数据缺失的样本进一步剔除，最终在基准回归［表5.3第（1）列］中用到的有效样本是2 352家。

5.3.2 方程设定

我们设定方程（5.1），考察地方政策不确定性和贸易环境不确定性对民营企业经营活力的影响：

$$\text{vitality}_i = \beta_0 + \beta_1 \text{lpu}_c + \beta_2 \text{teu}_p + \beta_3 X_i + \beta_4 Z_c + \varepsilon_i \tag{5.1}$$

方程（5.1）中，被解释变量vitality刻画民营企业活力，使用样本企业“2011年生产、服务开工率”衡量。开工率直接反映了企业对自身生产能力和生产资源的综合利用状况，是政府监测经济运行态势和行业景气程度的重要指标。开工率不足意味着市场需求萎缩、固定资产闲置、资金周转不畅，企业缺乏活力；而开工率充足说明市场需求旺盛，生产资源得到有效配置和利用，企业充满活力。长期而言，开工率不足的民营企业会走向凋敝甚至退出市场，而开工率充足的民营企业会走向繁荣（魏下海 等，2015；钟粤俊 等，2019）。转型背景下，中国企业（尤其是小微企业）长期受到开工率不足的困扰①，在市场竞争较为充分、利润空间相对有限的背景下，民营企业需要不断提高开工率方能实现长期可持续发展。综上，本书将企业开工率作为衡量民营企业经营活力的正向指标。

方程右侧解释变量 lpu 代表地方政策不确定性。考虑到本部分使用的企业数据是横截面数据，借鉴 Wu et al. （2014）、Cumming et al. （2016）以及 Zhu and Zhang（2017）等文献的研究思路，本部分使用数据调查年份前置 10 年（即 2001—2010 年）的地方政府人事稳定性刻画地方政策不确定性。方程右侧解释变量 teu 代表贸易环境不确定性。参照地方政策不确定性 lpu 指标构建，我们计划使用数据调查年份前置 10 年（2001—2010 年）贸易依存度的非预期波动，衡量不同地区面临的贸易环境不确定性。然而，通过公开渠道仅能获得自 2005 年 1 月开始的各省份进出口贸易月度数据和国内生产总值季度数据，且城市层面进出口贸易数据并不可得。据此，这里按照如下思路构建变量 teu：第一，计算 2005 年第 1 季度到 2010 年第 4 季度各省份贸易依存度 td（进出口贸易总额与国内生产总值之比），将贸易依存度对省份虚拟变量和季度虚拟变量展开 OLS 回归，得到估计残差 td_res，便是剔除时间趋势和地区效应的贸易依存度；第二，计算各省份 2005 年第 1 季度至 2010 年第 4 季度贸易依存度残差 td_res 的标准差 td_ressd，便是贸易依存度的非预期波动。在具体估计中，我们按照（X_i-X_{min}）/（$X_{max}-X_{min}$）原则对变量 td_ressd 进行标准化处理，进而得到一个取值介于 0~1 的贸易环境不确定性测度指标 teu②。

图 5.1 描绘了地方政策不确定性与民营企业开工率城市均值之间的散点

① 北京大学国家发展研究院与阿里巴巴集团 2012 年 2 月联合发布的《2011 年沿海三地区小微企业经营与融资现状调研报告》显示，由于成本升高、订单量下滑、资金链紧张等因素影响，在长三角和珠三角地区，开工率在 50%以下（处于半歇产和歇产）的小微企业占到 21%。资料来源：阿里研究院，http：//www. aliresearch. com/Blog. html。长江商学院金融与经济发展研究中心 2018 年 8 月发布的《2018 中国产业经济二季度报告》显示，2018 年第 2 季度，开工率超过 90%的受访企业占比仅为 59%，开工率低于 70%的受访企业占到 14%；而在 2017 年第 2 季度的企业访谈中，开工率超过 90%的受访企业占比只有 44%。资料来源：长江商学院，https：//cn. ckgsb. com/personalsites/files/jgan/2018Q2_ Chn_ Report_ final. pdf。

② 需要说明的是，现有文献往往使用 GARCH 模型拟合经济指标（如 GDP 增长率）的时间序列数据，使用条件方差衡量经济不确定性。据此，本章尝试利用 GARCH 模型分别拟合各省份“贸易依存度”季度数据，得出条件方差来描述贸易环境不确定性。然而，由于各省份对外贸易发展水平存在明显差异，对不同省份数据而言，根据四种信息准则（FPE、AIC、HQIC、SBIC）判定的最优自回归阶数有较大差异，且部分省份数据在进行 GARCH 模型的似然估计时无法实现收敛，因此，使用 GARCH 模型得出的条件方差描述贸易环境不确定性可能存在较大偏误。

图①。结果显示，二者之间存在明显的负相关关系，即地方政策不确定性越高的城市，当地民营企业的平均开工率越低，这说明地方政策不确定性的确可能降低了民营企业开工率。同时，图 5.2 报告的散点图②表明，贸易环境不确定性与当地民营企业的平均开工率存在一定程度的正相关关系，然而，图 5.2 报告的散点图所使用的观测值较少，且并未考虑其他因素的影响。

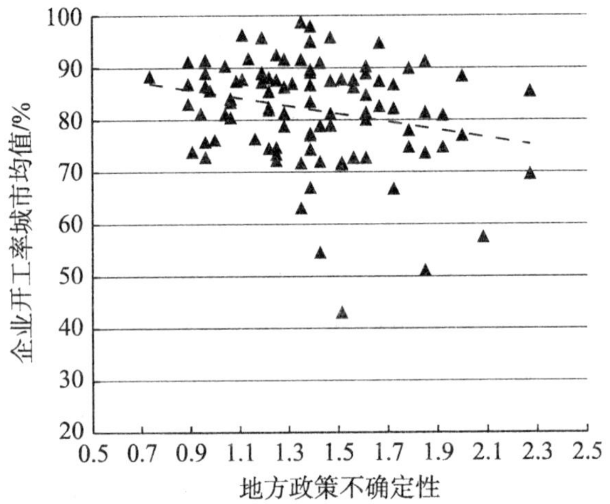

图 5.1 地方政策不确定性与企业开工率散点图

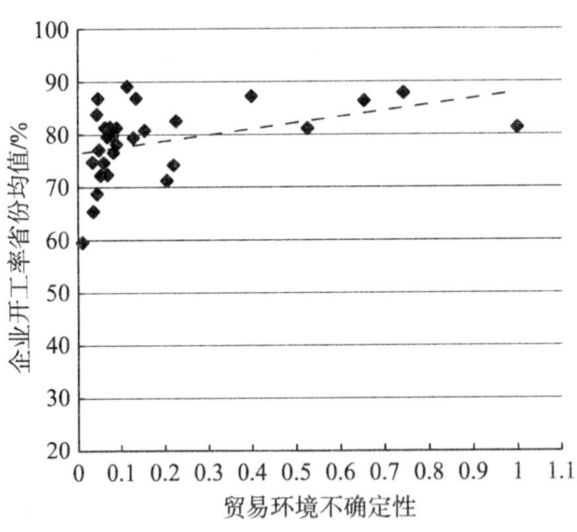

图 5.2 贸易环境不确定性与企业开工率散点图

① 由于一些样本企业开工率存在缺失值，绘制散点图时将报告开工率的民营企业数小于 10 的城市剔除。

② 由于西藏自治区报告开工率的民营企业数小于 10，绘制散点图时将西藏观测样本剔除。

回归估计中两个调节变量的构建如下：①政企关系。我们遵循已有文献研究思路（魏下海 等，2013），使用“企业主是否担任各级人大代表或政协委员”衡量企业是否拥有良好的政企关系，考虑到“代表类关系”与“委员类关系”实际的经济效果可能存在明显差异，本章分别关注这两类政企关系产生的调节效应；另外，本章还使用“企业主过去或当前是否在政府部门任职”衡量企业是否拥有良好政企关系。②营商环境。为了衡量不同地区的营商环境差异，我们依次使用“政府与市场的关系”“非国有经济的发展”“市场中介组织的发育和法律制度环境”三个分项市场化指数刻画各地区政府管制、非国有经济发展、法治环境，以反映营商环境的不同侧面。上述数据来自王小鲁 等（2017）发布的《中国分省份市场化指数报告（2016）》中对应的一级指标。

需要说明的是，由于研究样本期（2011 年）缺乏刻画各省份营商环境的直接评估数据，这里使用市场化进程得分作为测度各省份营商环境的代理变量。这主要基于两方面理由。第一，营商环境和市场化进程的评价体系和关注内容有诸多类似之处。世界银行发布的《2008 年中国营商环境报告》提供了中国 30 个城市的营商环境得分，评估指标包含开办企业、登记物权、获得信贷、强制执行合约等四方面，这与中国各地区市场化指数评价体系中“减少政府对企业干预”“金融市场化程度”“市场中介组织的发育”“对生产者合法权益保护”“知识产权保护”等分项指标较为接近。夏后学 等（2019）的实证研究使用“企业经理应对行政管理条例花费的时间”“营业执照和生产许可对企业经营造成的障碍”两个典型指标反映营商环境，这与中国市场化指数评价体系中“减少政府对企业干预”分项指标所描述的内容较为接近；何冰和刘钧霆（2018）则直接选取中国市场化指数评价体系的三个分项指标刻画地区营商环境。第二，各地区营商环境得分与市场化指数具有明显的正相关性。本章在误差允许的范围内使用世界银行 2008 年发布的中国 26 个省会城市（自治区首府）营商环境得分，代表其所在省份（自治区）2007 年营商环境得分，并连同 4 个直辖市营商环境得分，计算与樊纲 等（2010）提供的中国各省份 2007 年市场化指数的 Pearson 相关系数，结果高达 0.890，且在 1%水平上显著。同时自 2018 年开始，一些国内研究机构和智库针对各地区营商环境开展系统的评估工作。例如万博新经济研究院从硬环境、软环境两个方面对中国 31 个省级行政区 2018 年营商环境进行评估①，而上海华夏社会发展研究院从市场环境、投资环境和法治环境三个维度对中国 31 个省区市 2018 年营商环境进行评价②。我们分别计算上述

---

① 资料来源：第一财经. 2018 年中国各省份营商环境大盘点：硬环境差距缩小，软环境差距扩大［EB/OL］.（2018-12-24）. https：//www. yicai. com/news/100085862. html。

② 资料来源：搜狐网. 中国企业家博鳌论坛发布营商环境指数报告［EB/OL］.（2018-12-10）. https：//www. sohu. com/a/280754416_ 159678。

两份数据与王小鲁 等（2019）发布的中国各省份最新年份（2016 年）市场化指数的 Pearson 相关系数，结果分别为 0.926、0.793，且都在 1%水平上显著。

控制变量 X 包括一系列影响企业开工率的因素，本书主要从企业和企业主两个层面设置。参照魏下海 等（2015）的研究，企业层面因素包括：成本上涨（cost）、市场需求（market）、人力资本（human）、研发投入（inno）、企业年龄（firmage）、出口状况（export）、企业规模（size）。从理论上而言，成本上涨或市场需求下降会压缩企业利润空间，增加民营企业实际运营困难，降低企业开工率；人力资本水平较高、研发投入较多的企业能够在生产、销售、管理等环节主动采用新理念或新技术，这有助于企业及时调整经营策略和生产规模；出口企业的市场需求更加旺盛但容易受到国际市场冲击，出口企业开工率更高抑或更低尚有待实证检验。同时，成立年限越长的民营企业往往具备较强的市场竞争力，其开工率往往更高；而规模较大的民营企业能够采用更成熟的经营策略，并在自身内部优化配置资源，提升资源使用效率和企业开工率。本书还在方程（5.1）中加入的企业主层面因素包括：企业家社会地位（social）、年龄（bossage）以及受教育水平（educ）。社会地位较高、较为年长以及受教育水平越高的民营企业家能够利用自身的社会资源、从业经历帮助企业制定灵活有效的经营策略，开拓市场，获得竞争优势，进而提升企业开工率。另外，方程（5.1）中还加入四个二元行业虚拟变量 indmanu、indhigh、indhouse、indfinan，以分别表示样本民营企业是否属于制造业、科研技术业、房地产业、金融业等。

进一步地，考虑到本书使用横截面数据而解释变量是各城市层面的政策不确定性，为强化因果机制识别，方程将控制城市经济社会特征 z，包括经济增长速度（dgdpgro）、人口密度（ddensity）、经济发展水平（dgdpper）等。方程（5.1）中变量的具体定义详见表 5.1。

表 5.1 变量定义

变量	中文名	具体定义
vitality	民营企业经营活力	2011 年，受访企业生产、服务开工率（%）
lpu	地方政策不确定性	2001—2010 年，各城市政府人事稳定性
teu	贸易环境不确定性	2005—2010 年，各省份贸易依存度的非预期波动
poredb porewy govrela	政企关系	当企业主担任各级人大代表时，poredb 赋值为 1，否则，赋值为 0；当企业主担任各级政协委员时，porewy 赋值为 1，否则，赋值为 0；当企业主过去或当前在政府部门任职时，govrela 赋值为 1，否则，赋值为 0
dmargov Dlaw Dnonsoe	政府管制 法治环境 非国有经济发展	王小鲁 等（2017）提供的“政府与市场的关系”指数、“市场中介组织的发育和法律制度环境”指数、“非国有经济的发展”指数

表5.1(续)

变量	中文名	具体定义
cost	成本上升	1到4的离散整数值，取值越大代表原材料价格上升造成的负面影响越大
market	市场需求	因“国内销售渠道不畅”导致营业收入减少时，market赋值为1；否则赋值为0
human	人力资本	当企业员工接受职业培训时，human赋值为1；否则赋值为0
inno	研发投入	当企业有研发经费投入时，inno赋值为1；否则赋值为0
firmage	企业年龄	受访企业截止2011年的成立年限
export	出口状况	当企业有出口贸易时，export赋值为1；否则赋值为0
size	企业规模	雇佣员工总数的自然对数
indmanu	制造业	当企业从事制造业，变量indmanu赋值为1，否则赋值为0
indhigh	科研技术业	当企业从事科研技术业，indhigh赋值为1，否则赋值为0
indhouse	房地产业	当企业从事房地产业，变量indhouse赋值为1，否则赋值为0
indfinan	金融业	当企业从事金融业，变量indfinan赋值为1，否则赋值为0
social	社会地位	企业家自评社会地位，取值为1到10的离散整数，数值越小表示社会地位越高
bossage	年龄	企业家实际年龄的自然对数
educ	受教育程度	取值为1、2、3、4、5、6等离散数字，依次代表小学及以下、初中、高中或中专、大专、大学本科、研究生等受教育水平
dgdpgro	经济增长速度	各城市GDP增长率
ddensity	人口密度	各城市人口总数除以辖区面积
dgdpper	经济发展水平	各城市人均GDP（自然对数）

5.3.3 描述性统计

表5.2给出了主要变量的描述性统计结果。关注民营企业经营活力，变量vitality均值为81.87，说明受访民营企业平均开工率为81.87%。实际上，回归使用的2 352家样本企业中，有42家民营企业开工率为0，占比为1.79%；有746家民营企业开工率达到100%，占比为31.72%。地方政策不确定性lpu最大值和最小值分别为2.27和0.74，说明不同城市的政策不确定性差异明显。变量teu离散系数为1.02，说明不同省份面临的贸易环境不确定性有较大差异。变量poredb、porewy、govrela均值分别为0.19、0.25、0.19，这意味着，大约有19%的民营企业家拥有代表类政企关系，有25%的民营企业家拥有委员类政企

关系，19%的民营企业家拥有政府经历类政企关系。进一步地，变量 cost 均值是 3.35，表明成本上涨对企业经营带来较大负面影响；而变量 market 均值为 0.20，说明有 20%的民营企业因“国内销售渠道不畅”导致营业收入减少。变量 human、inno、export 均值依次为 0.66、0.36、0.14，表示 66%的民营企业员工接受职业培训，36%的民营企业有研发投入，14%的民营企业存在出口行为。同时，民营企业主对自身社会地位评价 social 处于中等水平，民营企业主受教育程度 educ 为大专学历。除此之外，行业虚拟变量中，indmanu、indhigh、indhouse、indfinan 均值依次为 0.46、0.04、0.07、0.02，这表示 46%的民营企业从事制造业，4%的民营企业从事科研技术业，7%的民营企业从事房地产业，2%的民营企业从事金融业。

表 5.2 主要变量描述性统计

变量	样本数	平均值	中位数	标准差	最小值	最大值
vitality	2 352	81.872	90	22.990	0	100
lpu	2 352	1.297	1.25	0.348	0.735 3	2.272 7
teu	2 352	0.246	0.114 2	0.250	0	1
poredb	2 297	0.185	0	0.388	0	1
porewy	2 297	0.253	0	0.435	0	1
govrela	2 192	0.188	0	0.390 4	0	1
dmargov	2 352	7.326	7.7	1.281	2.84	8.96
dlaw	2 352	6.515	5.17	4.113	-0.41	13.1
dnonsoe	2 352	7.668	7.61	1.959	1.47	9.99
cost	2 352	3.350	3	0.727	1	4
market	2 352	0.204	0	0.403	0	1
human	2 352	0.659	1	0.474	0	1
inno	2 352	0.363	0	0.481	0	1
firmage	2 352	9.433	9	5.361	1	23
export	2 352	0.143	0	0.35	0	1
size	2 352	3.892	3.912	1.728	0	10.878
social	2 352	5.231	5	1.794	1	10
bossage	2 352	3.790	3.806 7	0.206	2.708 1	4.369 4
educ	2 352	3.935	4	1.095	1	6
indmanu	2 352	0.455	0	0.498	0	1

表5.2(续)

变量	样本数	平均值	中位数	标准差	最小值	最大值
indhigh	2 352	0.039	0	0.194	0	1
indhouse	2 352	0.072	0	0.259	0	1
indfinan	2 352	0.016	0	0.125	0	1
dgdpgro	2 352	12.731	12.4	2.357	6.5	20
ddensity	2 352	0.066	0.060 2	0.050	0.001 1	0.256 5
dgdpper	2 352	10.739	10.721 8	0.548	8.772 9	11.800 4

本章还考察了主要变量的 pearson 相关系数。变量 vitality 和 lpu 的相关系数显著为负，变量 vitality 和 teu 的相关系数显著为正，初步说明较高的地方政策不确定性伴随着较低的民营企业开工率，而较高的贸易环境不确定性意味着较高的民营企业开工率。同时，企业开工率 vitality 与市场需求冲击 market、企业家社会地位 social 显著负相关，而与人力资本 human、研发投入 inno、企业家年龄 bossage、企业家受教育程度 educ、企业成立年限 firmage、企业规模 Size 等因素显著正相关，这意味着，市场需求负面冲击和较低的企业家社会地位会降低民营企业开工率，而较高的人力资本水平、研发投入、企业家年龄和受教育程度、企业成立年限和规模会提升民营企业开工率。但需要说明的是，上述相关性分析并未控制其他因素的影响，更准确结论依赖于后文回归分析。另外，绝大多数变量相关系数小于 0.30，表示方程回归中的多重共线性问题并不严重。

5.4　实证结果及分析

5.4.1　不确定性对企业经营活力的总体影响

首先考察两类不确定性对民营企业开工率的总体影响。考虑到被解释变量 vitality 取值介于 0 到 100 之间，为获得稳健且一致的估计量，本章主要利用 tobit 模型极大似然估计法（MLE）展开系数估计。同时，为经济学解释方便，我们主要报告和关注 tobit 模型的边际效应系数。表 5.3 第（1）列中，变量 lpu 系数在 1%水平上显著为负，而 teu 系数并不显著，这说明，对本部分的研究样本而言，地方政策不确定性对企业开工率有显著负向影响。平均而言，地方政策不确定性 lpu 每增加一个标准差（0.35），样本民营企业开工率会降低 1.36 个百分点，而贸易环境不确定性对企业开工率没有统计意义上的显著影响，假说 5.1 部分成立。这可能源于：贸易环境不确定性更多来自国际政治经济环境的变化，相对于本土民营企业来说较为外生，因此策略性行为所能产生的作用也相对有限，此时，民营企业很可能等待这种不确定性的自然消除；相比之下，民营企业与地方政府“打交道”机会更多，民营企业通过策略性行为应对地方政策不确定性更加可行，更愿意增加非生产性支出和税费支出。可见，在国际贸易环境复杂多变的背景下，降低地方政策不确定性对于增加民营企业开工机会更具现实意义，以国内政策“确定性”应对国际环境“不确定性”是现阶段激发民营经济活力的关键性举措。

表5.3第（1）列控制变量中，cost、market系数为负且在1%水平上显著，这意味着原材料价格上涨的负面冲击以及市场销售不畅会降低民营企业开工率，损害民营经济活力。平均而言，成本上涨压力cost每增加一个标准差（0.73），民营企业开工率会下降约1.36个百分点；而“国内销售渠道不畅”导致民营企业开工率降低4.25个百分点左右。人力资本human、企业年龄firmage以及规模size都对企业开工率有显著正向影响，这与前文理论预期相一致。总体而言，人力资本水平较高、存续时间较长以及规模较大的民营企业往往具有较强的核心竞争力和资源配置能力，这有助于提高企业开工率。具体而言，“员工接受培训”会增加民营企业开工率约1.99个百分点；而企业成立年限每增加1年，民营企业开工率会提高0.34个百分点左右；员工总数每增加10%，民营企业开工率提高约0.23个百分点。另外，变量bossage、educ系数为正但不显著，这说明企业主年龄和受教育程度对民营企业活力无显著影响；而变量social系数在1%水平上显著为负，由于变量social是测度企业主自评社会地位的逆向指标，所以，企业主自评社会地位对民营企业活力有显著正向影响，这与前文理论预期相一致。

行业虚拟变量indmanu系数为负且对应p值为0.11，接近10%显著性水平，indhouse系数在1%水平上显著为负，这说明：制造业企业比非制造业企业活力低1.46个百分点，这可能与调查年度（2011年）制造业存在明显的产能过剩密切有关①。同时，房地产企业比非房地产企业活力低7.89个百分点，这可能源于调查年度（2011年）房地产行业受到较为严格的政府宏观调控②。在城市特征变量中，变量dgdpgro、ddensity、dgdpper系数并不显著，这说明经济增长速度、人口密度以及经济发展水平对民营企业开工率未产生显著影响。

① 资料来源：邓瑶. 亏损蔓延 中钢协动员“控产量”：钢铁业销售利润率仅为2.55%，2012年产能过剩22%［N］. 21世纪经济报道，2012-01-06（17）。

② 相比于其他行业，房地产行业无论在土地还是信贷资源上更容易受到政府宏观调控的影响，2011年1月26日，国务院办公厅公布八条最新楼市调控政策（“新国八条”），接力2010年的调控并加大力度，被称为史上最严厉的房地产调控政策。资料来源：李松涛. 新国八条引发地产业震荡［N］. 中国青年报，2011-01-28（05）。

表 5.3 两类不确定性对企业经营活力的影响（Tobit 边际效应）

	(1)	(2)	(3)	(4)	(5)	(6)
	基准样本	剔除金融、房地产行业	剔除经营异常企业	剔除直辖市企业	工业企业样本	无扩张性投资样本
lpu	-3.872 6***	-3.772 9***	-3.222 3***	-4.363 1***	-3.195 1***	-5.762 6***
	(-3.002 3)	(-2.872 3)	(-2.546 6)	(-3.377 2)	(-2.271 5)	(-3.180 7)
teu	2.997 3	1.657 8	3.097 4	3.140 6	3.157 9	1.108 7
	(1.404 2)	(0.763 2)	(1.455 4)	(1.129 1)	(1.366 8)	(0.366 1)
cost	-1.866 8***	-2.376 0***	-1.825 7***	-1.619 4***	-2.279 9***	-2.525 3***
	(-3.154 1)	(-3.989 9)	(-3.079 9)	(-2.559 2)	(-3.396 5)	(-3.140 8)
market	-4.245 8***	-4.159 6***	-4.391 2***	-4.772 3***	-4.944 6***	-2.954 8***
	(-4.283 5)	(-4.138 6)	(-4.467 7)	(-4.524 3)	(-4.393 6)	(-2.259 0)
human	1.986 9*	2.156 7***	1.754 3*	1.836 3*	0.962 2	2.444 6*
	(1.917 9)	(2.059 4)	(1.695 7)	(1.688 4)	(0.857 7)	(1.806 8)
inno	0.036 0	-0.014 5	-0.067 3	0.447 6	0.660 0	1.197 7
	(0.041 4)	(-0.016 4)	(-0.077 6)	(0.499 3)	(0.712 6)	(0.812 8)
firmage	0.336 2***	0.343 1***	0.321 1***	0.354 8***	0.289 7***	0.356 5***
	(3.858 1)	(3.822 0)	(3.706 3)	(3.826 2)	(3.135 8)	(2.875 4)
export	-0.118 5	0.028 0	-0.104 6	-1.212 4	-0.116 2	-0.509 2
	(-0.118 1)	(0.027 8)	(-0.105 4)	(-1.147 2)	(-0.115 9)	(-0.322 1)
size	2.307 2***	2.145 5***	2.235 8***	1.895 9***	1.959 1***	2.364 3***
	(6.259 3)	(5.790 3)	(6.112 5)	(4.982 2)	(4.759 9)	(4.481 1)
social	-0.751 4***	-0.778 9***	-0.798 5***	-0.728 3***	-0.753 3***	-0.563 4
	(-2.778 7)	(-2.837 2)	(-2.941 1)	(-2.543 6)	(-2.438 9)	(-1.484 0)
bossage	2.215 5	2.256 8	2.662 6	3.913 1	2.447 4	1.225 3
	(0.916 9)	(0.909 9)	(1.118 0)	(1.516 7)	(0.913 8)	(0.374 2)
educ	0.156 6	0.198 8	0.147 1	0.523 5	0.398 1	0.311 9
	(0.379 4)	(0.478 1)	(0.359 6)	(1.163 9)	(0.922 1)	(0.529 1)
indmanu	-1.461 7	-1.470 2	-1.374 2	-2.041 8***		-2.835 0***
	(-1.606 2)	(-1.592 1)	(-1.524 1)	(-2.072 2)		(-2.231 4)
indhigh	2.087 7	1.524 3	1.930 7	0.802 8		0.982 1
	(1.101 9)	(0.801 4)	(1.027 0)	(0.382 0)		(0.241 4)

表5.3(续)

	(1)	(2)	(3)	(4)	(5)	(6)
	基准样本	剔除金融、房地产行业	剔除经营异常企业	剔除直辖市企业	工业企业样本	无扩张性投资样本
indhouse	-7.887 8***		-7.451 3***	-9.136 1***		-9.333 4***
	(-4.147 6)		(-3.953 4)	(-4.481 8)		(-3.331 3)
indfinan	-0.181 8		-1.066 8	3.451 3		0.184 1
	(-0.054 1)		(-0.322 7)	(1.173 7)		(0.036 4)
dgdpgro	-0.094 2	-0.058 6	-0.099 4	-0.432 3	-0.385 3	-0.253 6
	(-0.435 7)	(-0.264 1)	(-0.464 1)	(-1.628 4)	(-1.621 1)	(-0.816 5)
ddensity	-7.107 7	-6.307 8	-6.900 6	13.879 5	-12.495 8	-3.689 3
	(-0.627 7)	(-0.552 0)	(-0.615 6)	(0.810 1)	(-0.963 6)	(-0.236 7)
dgdpper	0.270 4	0.596 4	0.428 6	-0.287 2	0.286 2	-0.477 1
	(0.300 6)	(0.648 3)	(0.479 8)	(-0.309 2)	(0.315 9)	(-0.370 2)
观测值	2 352	2 155	2 319	2 031	1 283	1 438
pseudo R^2	0.017 0	0.016 4	0.016 7	0.017 1	0.022 6	0.014 1

注：***、**、*分别代表1%、5%、10%的显著性水平，小括号中给出了经过White-robust调整的z值。当使用工业企业样本展开实证估计时，此处回归将方程（5.1）中原来的四个行业虚拟变量替换为标记样本企业是否属于采矿业、制造业、电力煤气水、建筑业的行业虚拟变量。

5.4.2 不确定性影响企业经营活力的稳健性分析

（1）变换回归样本。

本章将按照以下思路变换回归样本以检验实证结果稳健性：第一，剔除特定行业的企业。金融和房地产行业是资本密集型行业且容易受政府调控影响，将这两类行业纳入回归样本可能造成估计偏误，文章剔除这两类行业的样本重新估计基准方程，结果报告在表5.3第（2）列。第二，剔除经营异常企业。考虑到一些“暂时停业、等待机会”“打算出售”的受访企业其经营模式和开工环境与其他民营企业相比存在明显差异，我们剔除这些企业并重新估计基准方程，结果报告在表5.3第（3）列。第三，剔除直辖市企业。相比于其他城市，四个直辖市（北京、上海、天津、重庆）党政主官的行政级别和晋升激励存在明显差异，我们剔除这四个直辖市的企业样本重新估计回归方程，结果见表5.3第（4）列。第四，使用工业企业样本回归。自2008年金融危机以来，中国工业领域出现新一轮产能过剩，涉及钢铁、水泥、电解铝等传统行业以及光伏、风电等新兴产业（耿强 等，2011）[①]。前文实证结果也表明，相对于非制造业行业，制造业行业的民营企业活力显著更低。如果工业企业"恰好"集中分布在那些地方政策不确定性较高的样本城市[②]，那么，"地方政策不确定性降低民营企业开工率"这一结论可能仅是"巧合"，而并非因果关系。为解决上述问题，我们基于工业行业的民营企业样本，重复前文实证过程。根据产业分类标准，本章具体利用了采矿业、制造业、电力煤气水、建筑业四个行业的民营企业样本。结果报告在表 5.3 第（5）列。第五，使用无扩张性投资企业样本回归。民营企业较低的开工率可能与过度的投资扩张有关。在地方人事更替较为频繁的背景下，民营企业往往面临宽松的信贷环境，有较强动机开展扩张性投资，导致实际生产能力超过市场需求，降低民营企业开工机会。为排除上述作用机制可能带来的"干扰"，本部分以调查年份（2011 年）没有进行扩张性投资的民营企业为样本，重复前文实证过程，结果报告在表 5.3 第（6）列。

总体而言，变换回归样本后的估计结果显示，随着地方政策不确定性提高，民营企业经营活力会相应降低，而贸易环境不确定性对民营企业经营活力无显著影响，前述结论依然稳健。

（2）变换地方政策不确定性测度指标。

本章遵循现有文献研究思路（Wu et al.，2014；Cumming et al.，2016），使用 2001—2010 年地方政府年均人事变更次数衡量地方政策不确定性（变量 lpu_gt），重新考察地方政策不确定性对企业经营活力的影响。表 5.4 Panel A 的结果表明，无论使用基准样本还是变换回归样本，地方政策不确定性 lpu_gt 会明显降低民营企业经营活力，而贸易环境不确定性 teu 对民营企业经营活力无统计意义上的显著影响。同时，本章还使用企业对政策不确定性的主观评价测度不同地区的政策不确定性。具体而言，世界银行 2012 年在中国 25 个城市展开企业营商环境调查，共调查 2 848 家企业，每个城市有 100 家左右受访企业。调查问卷会询问受访企业"政策不稳定对企业当前运行形成障碍程度"，对应选项分别是"无障碍""较小障碍""中等障碍""较大障碍""非常严重障碍"，我们据此定义离散变量 PI，取值为 0 到 4 的整数。接下来，计算每个城市变量 PI 的算术平均值，便得到 25 个城市政策不确定性的测度指标 lpu_wb。最后，将新指标 lpu_wb 匹配到 2012 年私营企业调查数据，进而评估地方政策

---

① 2013 年"两会"期间，工业和信息化部原部长李毅中表示：部分行业产能严重过剩是个不争的事实，钢铁、铝业、水泥等多个行业都存在严重产能过剩问题。资料来源：央视网. 李毅中：开工率不足 75%为严重产能过剩［EB/OL］. http://news.cntv.cn/2013/03/07/ARTI1362620822977616.shtml。

② 例如，不少城市因为工业企业聚集而成为"工业重镇"，在省级区域内（甚至全国范围内）拥有较高的经济地位和话语权，更容易获得上级组织部门的关注和青睐，当地政府人事变更可能较为频繁。

不确定性对企业经营活力的影响①。表 5.4 Panel B 的结果证实，尽管使用新指标测度地方政策不确定性会损失较多样本，但变量 lpu_wb 系数显著为负，而变量 teu 系数并不显著，这说明地方政策不确定性对企业经营活力有显著负向影响，而贸易环境不确定性 teu 仍对企业经营活力无统计意义上的显著影响，前述结论依然稳健。

表 5.4　稳健性检验：变换地方政策不确定性测度指标（Tobit 边际效应）

	(1)	(2)	(3)	(4)	(5)	(6)
	基准样本	剔除金融、房地产行业	剔除经营异常企业	剔除直辖市企业	工业企业样本	无扩张性投资样本
Panel A：地方政策不确定性（地方人事变更次数（年均））						
lpu_gt	-8.807 8***	-8.761 7***	-6.897 2***	-8.024 9***	-9.386 6***	-9.864 6***
	(-3.046 4)	(-2.961 5)	(-2.431 9)	(-2.740 1)	(-2.840 7)	(-2.497 5)
teu	2.920 6	1.568 0	3.057 4	3.956 5	3.052 1	1.103 7
	(1.364 8)	(0.719 9)	(1.433 4)	(1.416 9)	(1.318 8)	(0.363 1)
控制变量	Yes	Yes	Yes	Yes	Yes	Yes
观测值	2 352	2 155	2 319	2 031	1 283	1 438
pseudo R^2	0.017 1	0.016 5	0.016 7	0.016 9	0.023 1	0.013 7
Panel B：地方政策不确定性（企业主观评价）						
lpu_wb	-6.043 9***	-6.448 7***	-5.856 7***	-6.180 4***	-5.820 7***	-6.884 1*
	(-2.160 6)	(-2.274 9)	(-2.080 2)	(-2.098 3)	(-2.045 9)	(-1.710 1)
teu	0.904 6	0.669 4	1.114 4	1.768 6	1.609 1	0.704 5
	(0.277 2)	(0.199 6)	(0.341 5)	(0.242 4)	(0.469 5)	(0.158 5)
控制变量	Yes	Yes	Yes	Yes	Yes	Yes
观测值	765	724	755	558	413	499
Pseudo R^2	0.020 3	0.020 0	0.019 8	0.020 2	0.026 8	0.019 5

注：＊＊＊、＊＊、＊分别代表 1%、5%、10%的显著性水平，小括号中给出了经过 White-robust 调整的 z 值。变量 lpu_gt 代表 2001—2010 年地方政府年均人事变更次数。

① 由于 2012 年私营企业调查数据没有涉及大连、东莞、洛阳三个城市的企业样本，加之郑州市样本企业的关键指标缺失，该部分回归估计中仅用到 21 个城市的民营企业样本。在具体估计中，本章按照公式 $(X_i-X_{min})/(X_{max}-X_{min})$ 对变量 lpu_wb 进行标准化处理，并最终得到了一个取值介于 0 和 1 之间的地方政策不确定性测度指标。另外，本章还根据世界银行的企业调查数据计算每个城市变量 PI 的加权平均值，权数为企业营业收入，得到衡量 25 个城市政策不确定性的新指标 lpu_wb1，回归结果依然稳健。

（3）变换企业经营活力测度指标。

理论上，民营企业在面临旺盛的市场需求，看好未来市场前景，潜在生产能力得到充分利用时，往往开展规模扩张型投资并扩大劳动雇佣规模，营业收入也随之增长。因此，规模扩张型投资、雇佣规模扩大、营业收入增长是测度民营企业经营活力的正向指标。这其中，投资和劳动雇佣都是企业生产决策中的投入指标，能够直接反映企业决策意愿。为了研究结论稳健性，我们通过更加多元化指标 invexp、invexpp、empinc、salinc 衡量民营企业经营活力。其中，变量 invexp 代表民营企业 2011 年"用于扩大原有产品生产规模"的新增投资额，变量 invexpp 代表民营企业 2011 年"用于扩大原有产品生产规模""投向新的实体经济领域""收购、兼并或投向其他企业"三方面的新增投资之和，变量 invexp、invexpp 都使用企业营业收入进行标准化处理。二元虚拟变量 empinc 表示民营企业 2011 年用工人数相比于 2010 年是否增加，若受访企业 2011 年用工人数比 2010 年增加，则 empinc 赋值为 1，否则 empinc 赋值为 0。考虑到民营企业扩大用工规模可能为了帮助当地政府缓解就业压力，这种情形并不意味着企业活力的显著提升，因此，当样本企业为"缓解社会就业压力做贡献"而在 2011 年扩大用工人数时，变量 empinc 依然赋值为 0。二元虚拟变量 salinc 表示民营企业 2011 年营业收入相比于 2010 年是否增加，若增加，salinc 赋值为 1，否则，salinc 赋值为 0。当使用 invexp、invexpp 衡量民营企业经营活力时，考虑到不少受访企业没有开展规模扩张型投资，变量 invexp、invexpp 会出现较多零值，所以我们利用 tobit 模型展开回归分析。当使用变量 empinc、salinc 衡量民营企业经营活力时，我们利用 probit 模型展开回归分析。

结果显示，贸易环境不确定性依然对民营企业投资和用工决策无显著影响；同时，地方政策不确定性对企业规模扩张型投资、雇佣规模扩大、营业收入增长无显著影响，这与前述结论并不完全一致。这可能源于，变量 invexp、invexpp、empinc、salinc 刻画的是企业在受访年份的短期投资用工决策与营业收入增长情况，这可能与企业所面临的短期政策不确定性密切相关，而不容易受到长期内政策环境变化的影响。为验证上述可能性，这里使用滞后一年（2010 年）政府人事变更情况描述短期政策不确定性 lpu_gt1，依次使用 invexp、invexpp、empinc、salinc 作为方程的被解释变量，评估两类不确定性对企业经营活力的影响。表 5.5 的结果说明，短期（滞后一年）地方政策不确定性会减少民营企业规模扩张型投资，降低民营企业雇佣规模扩大和营业收入增长的概率，前述实证发现背后的理论逻辑依然得到证实。

（4）变量内生性偏误讨论。

前文实证发现可能存在遗漏变量问题：民营企业家观察到过去一段时期当地政策不确定性较高，可能对未来地方政策环境不确定性形成较强预期，进而

表 5.5 稳健性检验：变换企业经营活力测度指标

	被解释变量			
	invexp	invexpp	empinc	salinc
	(1)	(2)	(3)	(4)
	tobit 边际	tobit 边际	probit 边际	probit 边际
lpu_gt1	-0.010 4*	-0.016 4***	-0.031 4*	-0.031 4***
	(-1.937 2)	(-2.395 7)	(-1.932 5)	(-2.021 9)
teu	0.016 4	-0.003 1	0.026 9	0.086 4*
	(1.040 0)	(-0.161 6)	(0.525 6)	(1.777 5)
控制变量	Yes	Yes	Yes	Yes
观测值	2 208	2 138	2 352	2 300
Pseudo R^2	0.147 6	0.120 9	0.093 8	0.142 7

注：***、**、*分别代表1%、5%、10%的显著性水平，括号中给出了经过White-robust调整的z值。

调整当前生产性资源和非生产性资源的配置决策，影响企业当前开工率。我们基于中国地方政府人事管理制度特征，尝试采用IV Probit模型解决这一问题。在“下管一级”的人事制度下，地级市政府人事变更往往与上级政府人事变更、理念和激励机制密切相关（梁平汉、高楠，2014）。从干部交流角度看，多数地级市干部往往在同一省份内调任或升迁，特定城市政府人事变更可能对周围其他城市人事变更产生“连锁效应”。因此，某个城市的地方政策不确定性可能与同一省份内其他城市的地方政策不确定性密切相关，但在理论上，其他城市的地方政策不确定性不会对本地民营企业经营活力产生直接影响。综合上述分析，我们为地方政策不确定性lpu构建的工具变量lpu_iv如下：

$$lpu\_iv_c = \frac{1}{N_c}\sum_{j \neq c}^{N_c} lpu_j \tag{5.2}$$

方程（5.2）中，下标c代表目标城市，j代表前文关注的样本城市中与目标城市处于同一省份的其他城市，N_c表示与目标城市c处于同一省份的其他城市数目①。

表5.6第（1）列报告了使用工具变量lpu_iv基于IV Tobit模型的估计结果，变量lpu系数的绝对值与Tobit模型估计系数相比明显变大，但依然在5%水平上显著为负，这说明“地方政策不确定性会损害民营企业经营活力”这一

① 使用此种方法构建工具变量会剔除北京、上海、天津、重庆四个直辖市以及同一省份内只有一个样本城市的民营企业样本。

结论依然成立。同时，贸易环境不确定性 teu 系数依然不显著。本章利用 Anderson-Rubin 弱工具变量检验，在较高显著性水平上拒绝了“内生变量回归系数等于 0”的原假设，表明文章构建的工具变量 lpu_iv 与变量 lpu 之间存在较强的相关性。另外，本章通过两阶段最小二乘（2SLS）方法估计方程，以得到第一阶段 Cragg-Donald Wald F 统计量，结果显示 Cragg-Donald Wald F 统计量大于 10%显著性水平上的临界值（16.38），拒绝了工具变量是弱工具变量的原假设。尽管表 5.6 第（1）列报告的 Wald 外生性检验卡方值并不显著，没有拒绝地方政策不确定性 lpu 是外生的这一原假设，但相关回归结果依然能为文章主要结论提供佐证。

本章还参照王小龙和余龙（2018）的研究思路，对工具变量外生性展开了初步检验。首先将方程（5.1）中潜在内生变量 lpu 替换为工具变量 lpu_iv，直接检验工具变量 lpu_iv 对企业经营活力的影响。表 5.6 第（2）列结果表明，工具变量 lpu_iv 系数显著为负。接着将变量 lpu 添加到方程，比较变量 lpu 和工具变量 lpu_iv 对企业经营活力的影响，表 5.6 第（3）列结果显示，工具变量 lpu_iv 系数虽然为负但不显著，而变量 lpu 系数显著为负，这说明工具变量 lpu_iv

表 5.6 稳健性检验：变量内生性偏误讨论

	(1)	(2)	(3)
	IV Tobit 边际	Tobit 边际	Tobit 边际
lpu	-13.287 9***		-3.924 1***
	(-2.046 6)		(-2.954 5)
teu	2.793 0	2.898 9	2.895 3
	(0.988 9)	(1.045 3)	(1.041 9)
lpu_iv		-4.949 9***	-3.530 0
		(-1.967 1)	(-1.387 1)
控制变量	Yes	Yes	Yes
观测值	2 009	2 009	2 009
Wald 卡方值	206.279 0		
Pseudo R^2		0.017 4	0.018 0
Anderson-Rubin 检验	4.041 0***		
Cragg-Donald 检验	78.051		
Wald 外生性检验	1.945 6		

注：***、**、*分别代表 1%、5%、10%的显著性水平，括号中给出了经过 White-robust 调整的 z 值。Anderson-Rubin 检验和 Wald 外生性检验报告的是卡方统计量，Cragg-Donald 检验报告的是 Wald F 统计量。

对模型的解释力被变量 lpu 吸收，工具变量 lpu_iv 通过变量 lpu（地方政策不确定性）间接影响民营企业活力，本书构建的工具变量具有合理性。

5.4.3 不确定性对企业经营活力的异质性影响

（1）地方政策不确定性的异质性影响。

前述分析表明，地方政策不确定性会显著降低民营企业活力，而贸易环境不确定性对民营企业活力无显著影响，那么，地方政策不确定性对企业经营活力的影响是否受政企关系的调节效应？本小节将在方程（5.1）中分别加入交叉项 lpu×poredb、lpu×porewy、lpu×govrela，并依次展开实证估计。表 5.7 第（1）、（2）、（3）列结果显示，变量 lpu 系数显著为负，而交叉项 lpu×poredb、lpu×porewy、lpu×govrela 系数并不显著。这说明，几种类型政企关系都未对地方政策不确定性与企业开工率的关系产生影响，无论是否存在良好政企关系，地方政策不确定性都对民营企业开工率存在显著负向影响。因此假说 5.2a 和 5.2b 均被拒绝。这表明，企业主个人化的政企关系可能是“双刃剑”，既可能发挥缓冲作用，也可能放大政策不确定性的影响，两相抵消，良好的政企关系并不能发挥保护民营企业抵御地方政策不确定性的作用。

为了考察不同营商环境下地方政策不确定性对民营企业活力的影响是否存在差异，我们在方程（5.1）中加入地方政策不确定性与地区营商环境的交叉项[①]。表 5.7 第（4）列至（6）列结果表明，交叉项 lpu×dmargov、lpu×dlaw、lpu×dnonsoe 系数均显著为正[②]，这表明，随着营商环境的改善，地方政策不确定性降低民营企业开工率这一效应将弱化，这与假说 5.3 理论预期相符。因此，市场化、法治化的营商环境才是帮助民营企业抵御地方政策不确定性的制度保障。

地区政府管制、法治环境、非国有经济发展等因素与地方政策不确定性密切相关。在政府管制越少、法治环境越好、非国有经济发展越充分的地区，政府“自由裁量权”能得到有效约束，政府对资源配置干预较少，市场秩序更加规范，这些地区面临的地方政策不确定性更低，可见，政府管制、法治环境、非国有经济发展等刻画营商环境的指标能在某种程度上直接测度地方政策不确定

---

① 检验政企关系与制度环境调节效应的另一个有效思路是，按照是否有政企关系、制度环境优劣将样本分组，比较地方政策不确定性 lpu 的估计系数在不同样本下的差异。然而，如果分组估计中地方政策不确定性 lpu 的系数同向显著，无法直观上判断是否存在异质性影响，同时，由于样本企业在不同分组中分布并不均衡，分组回归带来的样本数差异可能导致关键解释变量估计系数的差异，从而弱化了检验结果的说服力。

② 表 5.7 第（4）列中变量 lpu 系数为负且 p 值为 0.20，而第（5）列中变量 lpu 系数为负且 p 值为 0.13，意味着地方政策不确定性在一定水平上显著为负。

表 5.7 地方政策不确定性的异质性影响（Tobit 边际效应）

	(1)	(2)	(3)	(4)	(5)	(6)
lpu	-4.368 6***	-2.860 7*	-4.809 9***	-1.675 3	-2.014 9	-3.236 4***
	(-3.130 0)	(-1.921 8)	(-3.171 5)	(-1.269 4)	(-1.497 9)	(-2.499 2)
teu	3.098 3	2.581 3	2.961 8	0.876 7	1.176 2	1.980 6
	(1.428 8)	(1.194 3)	(1.347 3)	(0.409 1)	(0.541 9)	(0.926 2)
lpu×poredb	4.626 6					
	(1.427 1)					
poredb	0.644 1					
	(0.577 0)					
lpu×porewy		-3.891 5				
		(-1.479 2)				
porewy		1.371 0				
		(1.419 5)				
lpu×govrela			4.104 6			
			(1.327 9)			
govrela			-0.738 9			
			(-0.632 6)			
lpu×dmargov				2.052 9***		
				(2.240 9)		
dmargov				1.935 0***		
				(3.895 8)		
lpu×dlaw					0.649 2***	
					(2.098 0)	
dlaw					0.479 7***	
					(3.186 6)	
lpu×dnonsoe						1.070 6*
						(1.787 5)

表5.7(续)

	(1)	(2)	(3)	(4)	(5)	(6)
dnonsoe						0.735 2***
						(2.801 8)
控制变量	Yes	Yes	Yes	Yes	Yes	Yes
观测值	2 297	2 297	2 192	2 352	2 352	2 352
Pseudo R^2	0.017 5	0.017 5	0.017 7	0.018 5	0.017 6	0.017 8

注：＊＊＊、＊＊、＊分别代表1%、5%、10%的显著性水平，小括号中给出了经过White-robust调整的 z 值。为缓解变量多重共线性可能导致的回归偏误，这里在构建交叉项之前，首先将地方政策不确定性和营商环境相关变量进行去中心化处理。

定性。文章将这些指标加入方程（5.1）并重新估计方程，这样既能缓解因“遗漏变量”而导致的内生性偏误，也有助于比较其与变量lpu刻画的地方政策不确定性如何影响企业经营活力。表5.8、表5.9、表5.10分别报告了控制地区法治环境、政府管制、非国有经济发展水平之后的实证结果，可以看出，控制上述营商环境指标之后，地方政策不确定性（变量lpu）对民营企业经营活力的负向影响会削弱，但基本结论未发生实质性改变；同时，营商环境改善对民营企业经营活力有显著正向影响。

表5.8　地方政策不确定性与地区法治环境的影响比较（Tobit边际）

	(1)	(2)	(3)	(4)	(5)	(6)
	基准样本	剔除金融、房地产行业	剔除经营异常企业	剔除直辖市企业	工业企业样本	无扩张性投资样本
lpu	−2.664 2*	−2.746 4*	−1.946 6	−3.161 4***	−2.720 2*	−4.832 3***
	(−1.910 1)	(−1.929 2)	(−1.419 3)	(−2.229 5)	(−1.810 2)	(−2.457 9)
teu	1.386 8	0.357 4	1.405 5	0.399 1	2.473 0	−0.130 6
	(0.639 7)	(0.161 0)	(0.650 9)	(0.140 4)	(1.050 0)	(−0.042 3)
dlaw	0.379 1***	0.312 5***	0.400 9***	0.370 4***	0.156 1	0.289 5
	(2.584 4)	(2.073 8)	(2.756 7)	(2.396 4)	(1.033 3)	(1.284 9)
控制变量	Yes	Yes	Yes	Yes	Yes	Yes
观测值	2352	2 155	2 319	2 031	1 283	1 438
Pseudo R^2	0.017 4	0.016 6	0.017 1	0.017 5	0.022 7	0.014 2

注：＊＊＊、＊＊、＊分别代表1%、5%、10%的显著性水平，小括号中给出了经过White-robust调整的 z 值。

表 5.9 地方政策不确定性与地区政府管制的影响比较（Tobit 边际）

	(1)	(2)	(3)	(4)	(5)	(6)
	基准样本	剔除金融、房地产行业	剔除经营异常企业	剔除直辖市企业	工业企业样本	无扩张性投资样本
lpu	−2.080 7	−2.358 6*	−1.410 2	−2.751 8*	−1.714 5	−3.956 2***
	(−1.532 0)	(−1.700 1)	(−1.054 5)	(−1.949 2)	(−1.122 6)	(−2.068 9)
teu	1.312 7	0.352 8	1.417 2	−0.291 4	1.342 2	−0.468 0
	(0.617 1)	(0.161 0)	(0.668 0)	(−0.101 7)	(0.573 1)	(−0.156 0)
dmargov	1.992 2***	1.594 8***	2.001 4***	1.647 4***	1.635 7***	1.999 9***
	(4.002 8)	(3.072 0)	(4.016 8)	(2.924 7)	(2.736 4)	(2.782 6)
控制变量	Yes	Yes	Yes	Yes	Yes	Yes
观测值	2 352	2 155	2 319	2 031	1 283	1 438
Pseudo R^2	0.018 2	0.017 1	0.017 9	0.017 8	0.023 6	0.015 0

注：＊＊＊、＊＊、＊分别代表 1%、5%、10%的显著性水平，小括号中给出了经过 White-robust 调整的 z 值。

表 5.10 地方政策不确定性与地区非国有经济发展水平的影响比较（Tobit 边际）

	(1)	(2)	(3)	(4)	(5)	(6)
	基准样本	剔除金融、房地产行业	剔除经营异常企业	剔除直辖市企业	工业企业样本	无扩张性投资样本
lpu	−3.275 4***	−3.307 2***	−2.666 1***	−3.843 5***	−2.849 9***	−5.265 8***
	(−2.514 2)	(−2.494 7)	(−2.083 4)	(−2.880 3)	(1.976 0)	(−2.883 7)
teu	2.360 5	1.207 5	2.484 7	1.726 7	2.747 5	0.556 7
	(1.111 7)	(0.555 7)	(1.173 4)	(0.609 8)	(1.188 6)	(0.185 1)
dnonsoe	0.752 3***	0.580 5***	0.742 0***	0.589 5*	0.391 5	0.685 5*
	(2.8767)	(2.157 7)	(2.846 7)	(1.787 2)	(1.361 4)	(1.790 3)
控制变量	Yes	Yes	Yes	Yes	Yes	Yes
观测值	2 352	2 155	2 319	2 031	1 283	1 438
Pseudo R^2	0.017 6	0.016 7	0.017 3	0.017 4	0.022 8	0.014 4

注：＊＊＊、＊＊、＊分别代表 1%、5%、10%的显著性水平，小括号中给出了经过 White-robust 调整的 z 值。

考虑到一些省份（如广东、江苏）内部不同城市的经济发展水平和营商环境存在较大差异，这里需要测度城市层面营商环境，进而为上述结论提供佐证。我们使用中国社会科学院发布的《中国城市竞争力报告 No. 10》中的“2011 年综合竞争力指数”衡量城市层面营商环境优劣 dcomp。另外，本章还延续前文研究思路，使用世界银行 2012 年在中国 25 个城市的企业营商环境调查数据，利用受访企业对当地法院系统的主观评价，构建城市层面营商环境的测度指标 dcour。文章分别考察地方政策不确定性与城市层面营商环境对民营企业经营活力的交互作用，表 5.11 的结果依然表明，营商环境改善会弱化地方政策不确定性对民营企业经营活力的负面影响。

表 5.11 地方政策不确定性的异质性影响：城市营商环境的调节效应（Tobit 边际）

	(1)	(2)
lpu	-3.648 0***	
	(-2.709 2)	
lpu_wb		-7.927 9***
		(-2.677 8)
teu	3.780 1*	0.418 7
	(1.724 5)	(0.126 5)
lpu×dcompe	29.029 9***	
	(2.962 5)	
dcompe	-4.599 6	
	(-0.619 5)	
lpu_wb×dcour		23.346 8*
		(1.769 2)
dcour		-2.383 7
		(-0.703 7)
控制变量	Yes	Yes
观测值	2 352	765
Pseudo R^2	0.0175	0.020 8

注：***、**、*分别代表 1%、5%、10%的显著性水平，小括号中给出了经过 White-robust 调整的 z 值。为缓解变量多重共线性可能导致的回归偏误，本书在构建交叉项时，首先将地方政策不确定性、贸易环境不确定性、营商环境等相关变量进行去中心化处理。

（2）贸易环境不确定性的异质性影响。前文分析表明，贸易环境不确定性总体上并未对民营企业经营活力产生显著影响，那么，贸易环境不确定性是否对特定类型民营企业活力有显著影响？由于前文实证分析中贸易环境不确定性 teu 系数总体上不显著，这里主要通过分样本估计回应上述问题。基准回归样本可以分为有国际化背景和无国际化背景的民营企业，我们在此基础上比较贸易环境不确定性对这两类民营企业活力的影响是否有差异。我们将符合“有出口活动”“有境外投资活动”两项条件中任意一项的样本企业，视为有国际化背景的民营企业，变量 intern 赋值为 1；否则，视为无国际化背景的民营企业，变量 intern 赋值为 0。共有 341 家企业具有国际化背景，占总样本的 14.50%。表 5.12 第（1）、(2）列结果表明，无论企业有无国际化背景，贸易环境不确定性对企业活力都没有显著影响。

整体而言，服务业受到政府管制比制造业更多，面临的市场竞争不如制造业充分，且中国在国际分工体系中竞争优势更多体现在制造业（而非服务业）领域，服务业与制造业的融资结构和成本也有明显差异（王义中、宋敏，2014；刘瑞翔 等，2017)。因此，服务业民营企业与制造业民营企业对贸易环境不确定性的敏感性可能存在不同，在生产性领域和非生产性领域的资源配置决策也可能有差异。因此，我们比较贸易环境不确定性对民营企业活力的影响在服务业、制造业之间是否有差异。同样地，管制行业和非管制行业在生产资源获取、产品销售以及面临的市场竞争环境等方面也存在显著差异，贸易环境不确定性对这两个行业的影响也可能有所不同[①]。表 5.12 第（3)、(4）列分样本回归结果表明，无论是服务业样本还是制造业样本，贸易环境不确定性对民营企业活力的影响都不显著。同样地，表 5.12 第（5）、（6）列结果显示，无论样本企业是否属于管制行业，贸易环境不确定性产生的效应都不显著[②]。另外，表 5.12 第（2)、(3)、(4)、（6）列中变量 lpu 系数都显著为负，而表 5.12 第（1)、(5）列中，lpu 系数为负但不显著，这可能与观测值数明显减少有关。

在进行影响机制检验之前，一个有待理清的问题是：部分民营企业开工率不高，是源于其经营效率高而无须很高的开工率，而有些民营企业因为经营效率低需要维持较高的开工率，如果民营企业开工率和经营效率的上述关系成立，那么，使用开工率描述民营企业经营活力可能并不合理。从现实直观感受来看，如果某个民营企业因经营效率高而无须维持较高的开工率，该企业为避免资产闲置，优化内部资源配置，可能会动态调整其潜在生产能力。为检验企业开工率与经营效率之间关系，本节在方程（5.1）中控制“企业经营效率”这一因素。由于问卷数据缺乏“固定资产”“中间产品、原材料、燃料投入”等关键指标，我们无法通过柯布—道格拉斯生产函数估算企业经营效率。本节使用“人均营业收入”（营业收入除以雇佣员工数）作为企业经营效率的代理变量

---

①　参照钟粤俊 等（2019）提供的分类标准，这里将采矿业、电力煤气水、建筑业、交通运输、信息服务业、房地产、公共设施等行业视为管制行业，将其余行业视为非管制行业。

②　本书还考察了地方政策不确定性与贸易环境不确定性对民营企业活力的交互影响，并未得到稳健的实证结果。由于数据可得性限制，本书主要测度省份层面的贸易环境不确定性，而构建可靠指标刻画城市层面的贸易环境不确定性，基于更有代表性的样本数据展开实证分析，无疑是深化和拓展本书实证研究的重要方向。

feffic，重复表5.3、表5.7、表5.12实证过程，对应结果依次汇报在表5.13、表5.14、表5.15。不难发现，前述主要结论依然成立，且企业经营效率与开工率显著正相关。

表5.12　贸易环境不确定性的异质性影响（Tobit边际）

	(1)	(2)	(3)	(4)	(5)	(6)
	有国际化	无国际化	服务业	制造业	管制行业	非管制行业
lpu	-0.622 0	-4.389 1***	-4.374 5*	-3.652 8***	-4.971 5	-3.797 1***
	(-0.348 1)	(-2.891 9)	(-1.930 1)	(-2.636 7)	(-1.364 2)	(-2.855 7)
teu	1.389 4	2.417 2	5.199 4	3.403 1	0.717 3	3.344 7
	(0.425 2)	(0.984 3)	(1.531 8)	(1.395 4)	(0.139 0)	(1.446 3)
控制变量	Yes	Yes	Yes	Yes	Yes	Yes
观测值	341	2 011	1 112	1 069	545	1 807
Pseudo R^2	0.016 6	0.016 0	0.020 6	0.022 4	0.016 4	0.018 2

注：***、**、*分别代表1%、5%、10%的显著性水平，小括号中给出了经过White-robust调整的z值。由于标识国际化背景的变量intern与标识出口状况的变量export高度相关，该表第（1）、（2）列回归没有将变量export作为控制变量。

表5.13　两类不确定性对企业经营活力的影响（Tobit边际效应）

	(1)	(2)	(3)	(4)	(5)	(6)
	基准样本	剔除金融、房地产行业	剔除经营异常企业	剔除直辖市企业	工业企业样本	无扩张性投资样本
lpu	-3.248 1***	-3.118 7***	-2.756 3***	-3.820 1***	-2.620 2*	-4.845 3***
	(-2.489 2)	(-2.343 4)	(-2.140 6)	(-2.924 4)	(-1.850 9)	(-2.626 4)
teu	3.225 4	1.880 1	3.301 5	3.786 1	3.777 1	1.058 0
	(1.505 4)	(0.864 1)	(1.544 4)	(1.349 3)	(1.627 2)	(0.351 1)
feffic	0.011 5***	0.012 8***	0.011 2***	0.009 2***	0.010 2***	0.012 0***
	(4.828 6)	(4.882 2)	(4.724 3)	(3.826 4)	(3.362 4)	(3.847 4)
控制变量	Yes	Yes	Yes	Yes	Yes	Yes
观测值	2 300	2 106	2 268	1 986	1 257	1 409
Pseudo R^2	0.018 3	0.017 9	0.018 1	0.018 2	0.022 7	0.015 4

注：***、**、*分别代表1%、5%、10%的显著性水平，括号中给出了经过White-robust调整的z值。

表 5.14 地方政策不确定性的异质性影响：政企关系和营商环境的调节效应（Tobit 边际）

	(1)	(2)	(3)	(4)	(5)	(6)
	变量 poredb 衡量政企关系	变量 porewy 衡量政企关系	变量 govrela 衡量政企关系	变量 dmargov 衡量营商环境	变量 dlaw 衡量营商环境	变量 dnonsoe 衡量营商环境
lpu	−3.672 2***	−2.275 5	−4.337 2***	−1.176 9	−1.610 8	−2.694 0***
	(−2.590 0)	(−1.511 2)	(−2.806 6)	(−0.879 6)	(−1.179 7)	(−2.053 5)
teu	3.335 8	2.831 6	3.162 2	1.200 0	1.633 5	2.237 8
	(1.531 1)	(1.304 0)	(1.431 5)	(0.557 0)	(0.750 5)	(1.041 0)
feffic	0.011 3***	0.011 4***	0.011 1***	0.011 0***	0.011 1***	0.011 2***
	(4.728 7)	(4.759 6)	(4.451 7)	(4.588 1)	(4.642 6)	(4.676 9)
lpu×政企关系	4.074 7	−3.638 3	4.759 0			
	(1.264 3)	(−1.384 6)	(1.551 4)			
政企关系	−0.088 9	1.614 1*	−1.029 7			
	(−0.079 2)	(1.684 3)	(−0.877 3)			
lpu×营商环境				2.131 7***	0.628 3***	1.147 6*
				(2.307 8)	(2.037 4)	(1.910 9)
营商环境				1.766 0***	0.422 0***	0.639 6***
				(3.521 3)	(2.772 6)	(2.445 9)
控制变量	Yes	Yes	Yes	Yes	Yes	Yes
观测值	2 246	2 246	2 142	2 300	2 300	2 300
Pseudo R^2	0.018 7	0.018 9	0.018 9	0.019 7	0.018 8	0.019 0

注：＊＊＊、＊＊、＊分别代表 1%、5%、10% 的显著性水平，括号中给出了经过 White-robust 调整的 z 值。

表 5.15 贸易环境不确定性的异质性影响（Tobit 边际效应）

	(1)	(2)	(3)	(4)	(5)	(6)
	有国际化	无国际化	服务业	制造业	管制行业	非管制行业
lpu	−0.751 7	−3.615 9***	−4.160 1*	−3.086 8***	−3.397 0	−3.407 4***
	(−0.413 2)	(−2.352 4)	(−1.824 2)	(−2.250 8)	(−0.923 3)	(−2.517 5)
teu	1.661 8	2.631 2	5.212 6	3.810 8	0.599 0	3.753 5
	(0.498 1)	(1.068 6)	(1.512 3)	(1.531 4)	(0.117 8)	(1.607 5)
feffic	0.008 3*	0.011 8***	0.011 6***	0.009 8***	0.011 5***	0.012 4***

表5.15(续)

	(1)	(2)	(3)	(4)	(5)	(6)
	有国际化	无国际化	服务业	制造业	管制行业	非管制行业
	(1.938 3)	(4.517 0)	(3.754 8)	(2.241 4)	(2.741 8)	(4.253 4)
控制变量	Yes	Yes	Yes	Yes	Yes	Yes
观测值	333	1 967	1 085	1 050	526	1 774
Pseudo R^2	0.018 9	0.017 4	0.022 5	0.022 3	0.018 4	0.019 4

注：＊＊＊、＊＊、＊分别代表1%、5%、10%的显著性水平，小括号中给出了经过White-robust调整的z值。

5.5 进一步研究

既然地方政策不确定性会损害民营企业活力，那么，其具体影响机制是什么？本节参照温忠麟 等（2004）提出的中介效应检验思路，构建如下检验模型：

$$\text{vitality}_i = \beta_0 + \beta_1 \text{lpu}_c + \beta_2 \text{eeu}_p + \beta_3 X_i + \beta_4 Z_c + \varepsilon_i \tag{5.3A}$$

$$\text{medvar}_i = \gamma_0 + \gamma_1 \text{lpu}_c + \gamma_2 \text{eeu}_p + \gamma_3 X_i + \gamma_4 Z_c + \mu_i \tag{5.3B}$$

$$\text{vatility}_i = \kappa_0 + \kappa_1 \text{lpu}_c + \kappa_2 \text{medvar}_i + \kappa_3 \text{eeu}_p + \kappa_4 X_i + \kappa_5 Z_c + \sigma_i \tag{5.3C}$$

其中，方程（5.3A）设定与方程（5.1）一致，medvar代表中介因素（非生产性活动、税费支出）。具体检验思路如下：先估计方程（5.3A），以系数β_1显著为负为前提；进一步地，估计方程（5.3B）和（5.3C），若系数γ_1显著为正而系数κ_2显著为负，则表明地方政策不确定性lpu通过中介因素影响民营企业活力，在此基础上，若κ_1不显著（显著），则表明中介因素发挥了全部（部分）中介效应。如果系数γ_1和κ_2仅有一个显著，则需要对交叉项$\gamma_1 \times \kappa_2$显著性进行Sobel检验，如果通过显著性检验，则说明变量medvar所代表的因素确实发挥了中介效应。

我们将利用企业非生产性支出刻画其非生产性活动。实际上，非生产性支出构成较为复杂，包含企业除正常生产经营所面临的交易成本之外的所有非生产性成本（万华林、陈信元，2010）。借鉴已有文献并结合数据可得性（魏下海 等，2015），这里分别使用企业支付的摊派费用和公关招待费expendgg刻画民营企业非生产性支出，并对营业收入进行标准化处理。同时，文章还使用企业纳税额和交纳规费之和（使用营业收入标准化）衡量企业税费支出taxfee。

为比较分析方便，我们将表5.3第（1）列估计结果添加到表5.16第（1）

表 5.16　地方政策不确定性影响民营企业经营活力的机制

	被解释变量						
	vitality	expendtp	vitality	expendgg	vitality	taxfee	vitality
	(1)	(2)	(3)	(4)	(5)	(6)	(7)
	Tobit 边际	Tobit 边际	Tobit 边际	Tobit 边际	Tobit 边际	OLS	Tobit 边际
lpu	-3.872 6***	0.008 0***	-2.643 5***	0.001 5	-2.987 1***	0.021 7*	-2.872 0***
	(-3.002 3)	(4.285 9)	(-2.086 4)	(0.647 9)	(-2.369 2)	(1.853 1)	(-2.125 9)
teu	2.997 3	-0.000 3	2.746 3	0.004 4	2.877 3	-0.009 4	2.940 6
	(1.404 2)	(-0.114 1)	(1.347 3)	(1.425 8)	(1.403 5)	(-0.629 6)	(1.346 0)
expendtp			-42.865 3***				
			(-3.068 6)				
expendgg					-20.325 7***		
					(-2.025 9)		
taxfee							-7.027 2***
							(-2.013 1)
控制变量	Yes	Yes	Yes	Yes	Yes	Yes	Yes
观测值	2 352	2 257	2 257	2 257	2 257	2 047	2 047
Pseudo R^2	0.017 0	-0.199 1	0.016 3	-0.038 2	0.015 8		0.015 7
调整 R^2						0.013 1	
Sobel z 值		-3.191 2***	-1.552 9	-1.703 6*			

注：***、**、*分别代表 1%、5%、10%的显著性水平，小括号中给出了经过 White-robust 调整的 z 值。

列。表 5.16 第（2）、（4）、（6）列依次报告了使用中介变量 expendtp、expendgg、taxfee 作为被解释变量，针对方程（5.3B）的系数估计结果；而表 5.16 第（3）、（5）、（7）列分别报告了添加中介变量 rentextr、expendgg、taxfee 之后，针对方程（5.3C）的系数估计结果。具体而言，表 5.16 第（2）列中变量 lpu 系数显著为正，而第（3）列中变量 lpu、expendtp 系数显著为负，这说明增加摊派费用是地方政策不确定性损害民营企业活力的部分中介因子。同时，第（6）列中变量 lpu 系数显著为正，第（7）列中变量 lpu、taxfee 系数显著为负，可见，提高税费支出是地方政策不确定性损害民营企业活力的中介因素。为保证结论稳健性，我们进一步针对交叉项展开 Sobel 检验：对于中介变量 expendtp，对应 Sobel z 统计量是−3.19，在 1%水平上显著；对于中介变量 taxfee，对应 Sobel z 统计量是−1.70，在 10%水平上显著。这意味着，地方政策不确定性的确通过提高摊派费用和税费支出而降低企业活力。值得注意的是，第（4）列中变量 lpu 系数并不显著，而第（5）列中变量 expendgg 系数显著为负，根据前文分析，这里需要进一步针对系数交叉项展开 Sobel 检验，得到 z 统计量是−1.55，对应 p 值为 0.12，接近 10%显著性水平，这说明，增加公关招待费可视为地方政策不确定性损害民营企业活力的中介因素。

需要说明的是，充满不确定性的宏观环境中，产品滞销与库存压力增加带来的潜在风险可能降低民营企业主观开工意愿，我们在理论和实证上并不排除这种可能性。然而，企业主观开工意愿往往是一种短期决策，并不容易受到长期（尤其是 10 年内）政策环境变化的影响。本章的机制分析更强调地方政策不确定性对民营企业开工所依赖的生产性资源的影响。从长期看，地方政策不确定性会通过非生产性活动和税费支出“挤占”民营企业的生产性资源①，这既符合理论逻辑，也得到经验证实。这意味着，当民营企业正常经营所需的生产性资源无法得到满足时，即便其有高涨的开工意愿，也难免会陷入“巧妇难为无米之炊”的窘境。

存在如下可能：不同规模的民营企业在应对地方政策不确定性的策略可能存在差异，例如，规模较小的民营企业本身资源并不丰裕，其非生产性支出会更加谨慎。因此我们需要检验地方政策不确定性对企业非生产性支出（摊派费、公关招待费）的影响是否随企业规模不同而存在差异。我们按照企业雇佣员工数的中位数，将样本企业划分为规模较大企业（变量 sizedum 赋值为 1）和规模

① 转型背景下，在某些时期或地区，民营企业开展更多非生产性活动、缴纳更多税费可能会带来更多政策性资源，进而改善企业绩效。然而，本书将民营企业非生产性支出和税费支出视为重要中介因素，而非测度企业活力的直接指标，表 5.16 估计结果从经验上证实，较高的摊派费、公关招待费和税费支出会显著降低民营企业开工率，这为理解“非生产性支出和税费支出对民营企业活力的负面效应”提供了直观证据。

较小企业（变量 sizedum 赋值为 0），通过分样本回归或加入交叉项的形式展开实证估计。表 5.17 的结果显示，地方政策不确定性对企业非生产性支出的影响并未随着企业规模不同而改变。

表 5.17 地方政策不确定性与企业非生产性支出：不同规模比较（Tobit 边际）

	(1)	(2)	(3)	(4)	(5)	(6)
	规模较小	规模较大	基准样本	规模较小	规模较大	基准样本
lpu	0.012 8	0.003 0***	0.008 5***	0.003 7	−0.000 2	0.004 4
	(3.556 4)	(2.149 9)	(3.023 3)	(0.823 3)	(−0.075 5)	(1.217 3)
teu	0.004 6	−0.000 5	−0.000 3	0.003 0	0.006 9***	0.004 2
	(0.918 0)	(−0.371 6)	(−0.123 6)	(0.519 1)	(2.190 0)	(1.380 2)
lpu× sizedum			−0.000 9			−0.005 7
			(−0.281 8)			(−1.495 3)
size	−0.000 4	−0.000 1	−0.001 8***	−0.003 7***	−0.001 2*	−0.003 8***
	(−0.295 9)	(−0.278 4)	(−4.064 0)	(−2.151 7)	(−1.956 9)	(−6.732 6)
控制变量	Yes	Yes	Yes	Yes	Yes	Yes
观测值	1 107	1 150	2 257	1 107	1 150	2 257
Pseudo R^2	−1.438 9	−0.053 4	−0.199 2	−0.048 9	−0.009 6	−0.038 7

注：***、**、*分别代表 1%、5%、10%的显著性水平，小括号中给出了经过 White-robust 调整的 z 值。

5.6 结论与启示

民营经济是国民经济的重要组成部分，优化民营经济发展环境一直是决策层和理论界关心的热点话题。企业开工率低下不仅造成产能闲置和生产资源浪费，而且在宏观层面形成产能过剩，损害宏观经济稳定性和效率，因此，较高的民营企业开工率是民营经济充满活力的重要表征。本章以 2012 年全国私营企业调查数据为样本检验了地方政策不确定性和贸易环境不确定性是否为民营企业活力不足的制度性成因。我们利用地方政府人事稳定性测度地方政策不确定性，利用贸易依存度的非预期波动测度贸易环境不确定性，进而检验这两类不确定性对民营企业开工率的影响。研究表明：地方政策不确定性对民营企业开工率有显著负向影响，且这一影响随着政府管制的减少、非国有经济的发展以及法治环境的改善而减弱，但是这一影响不受企业主个人享有的政企关系所左右；同时，贸易环境不确定性对民营企业经济活力没有产生显著影响。机制检验表明，地方政策不确定性会通过增加民营企业摊派费用、公关招待费以及税费支出而挤占民营企业生产性资源，降低民营企业开工率。

本章的政策启示主要有三点：第一，地方政策不确定性会损害民营企业活力，而贸易环境不确定性对民营企业活力未有显著影响。这意味着在国际贸易环境复杂多变的背景下，中国需要保持定力、增强信心，集中精力办好自己的事情，以国内政策“确定性”应对国际环境“不确定性”。地方政府应增强经济政策的连续性和衔接性，坚持“政贵有恒”“一张蓝图干到底”的施政理念，营造稳定可预期的政策环境，这是激发民营企业活力的关键举措。第二，营商环境的改善会缓解地方政策不确定性给企业经营带来的不利影响，而企业主个人化享有的政企关系并没有这类作用。这意味着，深化政府“简政放权”改革，让市场在经济资源配置中发挥更强作用，加强民营企业产权保护，构建市场化、法治化的营商环境，可以激励民营企业将更多资源和精力配置到生产性活动之中，激发民营企业发展活力。新型“亲”“清”政商关系不仅是转变政府职能、重塑政府和市场关系的内在要求，也是民营企业应对地方政策不确定性的最好依托。第三，政府摊派费、公关招待费和税费支出的增加是地方政策不确定性降低民营企业活力的重要机制。这意味着协同推进“放管服”改革和减税降费，切实降低企业经营负担，有助于缓解企业资金压力和融资约束，也是当前阶段激发民营企业活力的重要途径。近年来，中央政府出台了一系列减税降费的政策措施。2017 年，中国加大减税降费力度，全年为企业减负超过 1 万亿元[①]；2018 年下半年，国务院 3 个月内 7 次督战减税降费，确保减税降费政策落实到位[②]。习近平总书记在 2018 年 11 月召开的民营企业座谈会上更是强调“减轻企业税费负担”[③]。这些举措无疑为破解民营企业发展困境、增强民营经济发展信心提供了切实保障。

囿于数据可得性，研究样本期（2011 年）关注的贸易环境不确定性更多来自 2008 年金融危机之后外部市场需求不确定性，相比之下，当前贸易环境不确定性更多源于贸易保护主义抬头导致的关税政策、技术贸易以及全球供应链的不确定性，然而，本书研究结论仍具有积极政策含义：当前世界经济处于“多事之秋”，国际经济环境充满不确定性，中国民营企业更需要心无旁骛，苦练内功，通过增强创新能力和核心竞争力应对各类不确定性风险，实现长期可持续发展。

---

① 资料来源：人民网. 财政部：2017 年全年减税降费超过 1 万亿元［EB/OL］. http：//finance. people. com. cn/n1/2018/0125/c1004-29787655. html。

② 资料来源：中新网. 3 个月国务院 7 次督战，这件事为何如此重要？［EB/OL］. http：//www. chinanews. com/cj/2018/09-21/8633795. shtml。

③ 资料来源：中国军网. 习近平主持召开民营企业座谈会并发表重要讲话［EB/OL］. http：//www. 81. cn/jmywyl/2018-11/01/content_ 9330142_ 3. htm。

参考文献

中文文献

毕青苗，陈希路，徐现祥，等，2018. 行政审批改革与企业进入［J］. 经济研究，53（2）：140-155.

边文龙，沈艳，沈明高，2017. 银行业竞争度、政策激励与中小企业贷款：来自14省90县金融机构的证据［J］. 金融研究（1）：114-129.

蔡竞，董艳，2016. 银行业竞争与企业创新：来自中国工业企业的经验证据［J］. 金融研究（11）：96-111.

曹春方，2013. 政治权力转移与公司投资：中国的逻辑［J］. 管理世界（1）：143-157.

曹伟，杨德明，赵璨，等，2017. 地方政治权力转移与企业社会资本投资周期：基于政企关系重构的动态研究［J］. 财经研究（1）：4-16.

陈德球，陈运森，董志勇，2016. 政策不确定性、税收征管强度与企业税收规避［J］. 管理世界（5）：151-163.

陈德球，金鑫，刘馨，2011. 政府质量、社会资本与金字塔结构［J］. 中国工业经济（7）：129-139.

陈德球，金雅玲，董志勇，2016. 政策不确定性、政治关联与企业创新效率［J］. 南开管理评论（4）：27-35.

陈德球，李思飞，钟昀珈，2012. 政府质量、投资与资本配置效率［J］. 世界经济，35（3）：89-110.

陈刚，2015. 金融如何促进创业：规模扩张还是主体多样［J］. 金融经济学研究（5）：29-42.

陈刚，李树，2012. 官员交流、任期与反腐败［J］. 世界经济，35（2）：120-142.

陈胜蓝，刘晓玲，2018. 经济政策不确定性与公司商业信用供给［J］. 金融研究（5）：172-190.

陈晓光，2016. 财政压力、税收征管与地区不平等［J］. 中国社会科学（4）：53-70.

戴亦一，潘越，冯舒，2014. 中国企业的慈善捐赠是一种“政治献金”吗?：来自市委书记更替的证据［J］. 经济研究，49（2）：74-86.

党力，杨瑞龙，杨继东，2015. 反腐败与企业创新：基于政治关联的解释［J］. 中国工业经济（7）：146-160.

樊纲，王小鲁，朱恒鹏，2010. 中国市场化指数；各地区市场化相对进程2009年报告［M］. 北京：经济科学出版社.

范子英，田彬彬，2013. 税收竞争、税收执法与企业避税［J］. 经济研究，48（9）：99-111.

方芳，蔡卫星，2016. 银行业竞争与企业成长：来自工业企业的经验证据［J］. 管理世界（7）：63-75.

高培勇，2006. 中国税收持续高速增长之谜［J］. 经济研究，41（12）：13-23.

干春晖，邹俊，王健，2015. 地方官员任期、企业资源获取与产能过剩［J］. 中国工业经济（3）：44-56.

耿强，江飞涛，傅坦，2011. 政策性补贴、产能过剩与中国的经济波动：引入产能利用率RBC模型的实证检验［J］. 中国工业经济（5）：27-36.

顾丽梅，2003. 信息社会的政府治理：政府治理理念与治理范式研究［M］. 天津：天津人民出版社.

顾夏铭，陈勇民，潘士远，2018. 经济政策不确定性与创新：基于我国上市公司的实证分析［J］. 经济研究，53（2）：109-123.

郭平，2016. 政策不确定性与企业研发投资：“延迟效应”还是“抢占效应”：基于世界银行中国企业调查数据的分析［J］. 山西财经大学学报（10）：1-12.

韩志明，2008. 街头官僚的行动逻辑与责任控制［J］. 公共管理学报（1）：41-48，121-122.

何冰，刘钧霆，2018. 非正规部门的竞争、营商环境与企业融资约束：基于世界银行中国企业调查数据的经验研究［J］. 经济科学（2）：115-128.

胡晓，刘斌，蒋水全，2017. 产品市场竞争、税收规避与资本投资：基于资金压力和代理成本视角的实证考察［J］. 经济评论（1）：90-105.

黄俊，陈信元，2011. 集团化经营与企业研发投资：基于知识溢出与内部资本市场视角的分析［J］. 经济研究，46（6）：80-92.

纪洋，王旭，谭语嫣，等，2018. 经济政策不确定性、政府隐性担保与企业杠杆率分化［J］. 经济学（季刊），17（2）：449-470.

蒋冠宏，2016. 融资约束与中国企业出口方式选择［J］. 财贸经济（5）：106-118.

蒋海，廖志芳，2015. 银行业竞争与中小企业融资约束［J］. 广东财经大学学报，30（6）：37-45.

鞠晓生，芦荻，虞义华，2013. 融资约束、营运资本管理与企业创新可持续性［J］. 经济研究，48（1）：4-16.

李凤羽，杨墨竹，2015. 经济政策不确定性会抑制企业投资吗?：基于中国经济政策不确定指数的实证研究［J］. 金融研究（4）：115-129.

李后建，马朔，2016. 官员更替、政府管制与企业贿赂［J］. 公共行政评论，9（3）：125-146，189.

李后建，刘思亚，2015. 银行信贷、所有权性质与企业创新［J］. 科学学研究，33（7）：1089-1099.

李后建，张剑，2015. 腐败与企业创新：润滑剂抑或绊脚石［J］. 南开经济研究（2）：24-58.

李捷瑜，江舒韵，2009. 市场价值、生产效率与上市公司多元化经营：理论与证据［J］. 经济学（季刊），8（3）：1047-1064.

李万福，陈晖丽，2012. 内部控制与公司实际税负［J］. 金融研究（9）：195-206.

李维安，徐业坤，2013. 政治身份的避税效应［J］. 金融研究（3）：114-129.

李维安，韩忠雪，2013. 民营企业金字塔结构与产品市场竞争［J］. 中国工业经济（1）：77-89.

李增泉，辛显刚，于旭辉，2008. 金融发展、债务融资约束与金字塔结构：来自民营企业集团的证据［J］. 管理世界（1）：123-135，188.

梁平汉，高楠，2014. 人事变更、法治环境和地方环境污染［J］. 管理世界（6）：65-78.

林毅夫，孙希芳，姜烨，2009. 经济发展中的最优金融结构理论初探［J］. 经济研究，44（8）：4-17.

刘海明，曹廷求，2015. 宏观经济不确定性、政府干预与信贷资源配置［J］. 经济管理（6）：1-11.

刘行，叶康涛，2014. 金融发展、产权与企业税负［J］. 管理世界（3）：41-52.

刘慧龙，吴联生，2014. 制度环境、所有权性质与企业实际税率［J］. 管理世界（4）：42-52.

刘骏，刘峰，2014. 财政集权、政府控制与企业税负：来自中国的证据［J］. 会计研究（1）：21-27，94.

刘蓉，寇璇，周川力，2017. 企业非税费用负担究竟有多重：基于某市企业问卷调查的研究［J］. 财经科学（5）：124-132.

刘瑞翔，安同良，2011. 中国经济增长的动力来源与转换展望：基于最终需求角度的分析［J］. 经济研究，46（7）：30-41，64.

刘瑞翔，颜银根，范金，2017. 全球空间关联视角下的中国经济增长［J］. 经济研究，52（5）：89-102.

逯东，孙岩，周玮，等，2014. 地方政府政绩诉求、政府控制权与公司价值研究［J］. 经济研究，49（1）：56-69.

卢洪友，张楠，2016. 地方政府换届、税收征管与税收激进［J］. 经济管理，38（2）：160-168.

卢太平，张东旭，2014. 融资需求、融资约束与盈余管理［J］. 会计研究（1）：35-41，94.

罗党论，廖俊平，王珏，2016. 地方官员变更与企业风险：基于中国上市公司的经验证据［J］. 经济研究，51（5）：130-142.

罗党论，杨玉萍，2013. 产权、政治关系与企业税负：来自中国上市公司的经验证据［J］. 世界经济文汇（4）：1-19.

吕冰洋，樊勇，2006. 分税制改革以来税收征管效率的进步和省际差别［J］. 世界经济，29（10）：69-77，96.

吕冰洋，郭庆旺，2011. 中国税收高速增长的源泉：税收能力和税收努力框架下的解释［J］. 中国社会科学（2）：76-90，221-222.

罗长远，李姝醒，2014. 出口是否有助于缓解企业的融资约束?：基于世界银行中国企业调查数据的实证研究［J］. 金融研究（9）：1-17.

马光荣，李力行，2012. 政府规模、地方治理与企业逃税［J］. 世界经济，35（6）：93-114.

毛程连，吉黎，2014. 税率对外资企业逃避税行为影响的研究［J］. 世界经济，37（6）：73-89.

毛其淋，许家云，2018. 贸易政策不确定性与企业储蓄行为：基于中国加入 WTO 的准自然实验［J］. 管理世界，34（5）：10-27，62，179.

孟庆斌，师倩，2017. 宏观经济政策不确定性对企业研发的影响：理论与经验研究［J］. 世界经济，40（9）：75-98.

潘越，王宇光，戴亦一，2013. 税收征管、政企关系与上市公司债务融资［J］. 中国工业经济（8）：109-121.

彭飞，许文立，吕鹏，等，2020. 未预期的非税负担冲击：基于“营改增”的研究［J］. 经济研究，55（11）：67-83.

彭俞超，韩珣，李建军，2018. 经济政策不确定性与企业金融化［J］. 中国工业经济（1）：137-155.

钱先航，曹廷求，李维安，2011. 晋升压力、官员任期与城市商业银行的贷款行为［J］. 经济研究，46（12）：72-85.

钱学锋，龚联梅，2017. 贸易政策不确定性、区域贸易协定与中国制造业出口［J］. 中国工业经济（10）：81-98.

钱先航，徐业坤，2014. 官员更替、政治身份与民营上市公司的风险承担［J］. 经济学（季刊），13（4）：1437-1460.

饶品贵，徐子慧，2017. 经济政策不确定性影响了企业高管变更吗？［J］. 管理世界（1）：145-157.

申慧慧，于鹏，吴联生，2012. 国有股权、环境不确定性与投资效率［J］. 经济研究，47（7）：113-126.

申宇，傅立立，赵静梅，2015. 市委书记更替对企业寻租影响的实证研究［J］. 中国工业经济（9）：37-52.

世界银行，2007. 政府治理、投资环境与和谐社会：中国 120 个城市竞争力提升［M］. 北京：中国财政经济出版社.

石佑启，杨治坤，2018. 中国政府治理的法治路径［J］. 中国社会科学（1）：66-89，205-206.

宋增基，冯莉茗，谭兴民，2014. 国有股权、民营企业家参政与企业融资便利性：来自中国民营控股上市公司的经验证据［J］. 金融研究（12）：133-147.

苏坤，2016. 国有金字塔层级对公司风险承担的影响：基于政府控制级别差异的分析［J］. 中国工业经济（6）：127-143.

孙浦阳，李飞跃，顾凌骏，2014. 商业信用能否成为企业有效的融资渠道：基于投资视角的分析［J］. 经济学（季刊），13（4）：1637-1652.

唐丽萍，2010. 中国地方政府竞争中的地方治理研究［M］. 上海：上海人民出版社.

田彬彬，陶东杰，李文健，2020. 税收任务、策略性征管与企业实际税负［J］. 经济研究，55（8）：121-136.

万华林，陈信元，2010. 治理环境、企业寻租与交易成本：基于中国上市公司非生产性支出的经验证据［J］. 经济学（季刊），9（2）：553-570.

汪亚楠，周梦天，2017. 贸易政策不确定性、关税减免与出口产品分布［J］. 数量经济技术经济研究，34（12）：127-142.

王朝阳，张雪兰，包慧娜，2018. 经济政策不确定性与企业资本结构动态调整及稳杠杆［J］. 中国工业经济（12）：134-151.

王亮亮，王娜，2015. 税制改革、工资跨期转移与公司价值［J］. 管理世界（11）：145-160，188.

王浦劬，2014. 国家治理、政府治理和社会治理的含义及其相互关系［J］. 国家行政学院学报（3）：11-17.

王文春，荣昭，2014. 房价上涨对工业企业创新的抑制影响研究［J］. 经济学（季刊），13（2）：465-490.

王小龙，余龙，2018. 财政转移支付的不确定性与企业实际税负［J］. 中国工业经济（9）：155-173.

王小鲁，樊纲，胡李鹏，2019. 中国分省份市场化指数报告（2018）［M］. 北京：社会科学文献出版社.

王小鲁，樊纲，余静文，2017. 中国分省份市场化指数报告（2016）［M］. 北京：社会科学文献出版社.

王义中，宋敏，2014. 宏观经济不确定性、资金需求与公司投资［J］. 经济研究，49（2）：4-17.

王跃堂，王亮亮，彭洋，2010. 产权性质、债务税盾与资本结构［J］. 经济研究，45（9）：122-136.

魏下海，董志强，刘愿，2013. 政治关系、制度环境与劳动收入份额：基于全国民营企业调查数据的实证研究［J］. 管理世界（5）：35-46，187.

魏下海，董志强，金钊，2015. 腐败与企业生命力：寻租和抽租影响开工率的经验研究［J］. 世界经济，38（1）：105-125.

魏悦羚，张洪胜，2019. 贸易政策不确定性、出口与企业生产率：基于PNTR的经验分析［J］. 经济科学（1）：57-68.

温忠麟，张雷，侯杰泰，等，2004. 中介效应检验程序及其应用［J］. 心理学报（5）：614-620.

吴超鹏，唐菂，2016. 知识产权保护执法力度、技术创新与企业绩效：来自中国上市公司的证据［J］. 经济研究，55（11）：125-139.

吴联生，2009. 国有股权、税收优惠与公司税负［J］. 经济研究，44（10）：109-120.

夏后学，谭清美，白俊红，2019. 营商环境、企业寻租与市场创新：来自中国企业营商环境调查的经验证据［J］. 经济研究，54（4）：84-98.

肖晶，粟勤，2016. 破除银行业垄断能够缓解中小企业融资约束吗？［J］. 南开经济研究（5）：19-35.

许生，2013. 企业税负现状调查与政策建议［N］. 学习时报，2013-08-26（04）.

徐业坤，钱先航，李维安，2013. 政治不确定性、政治关联与民营企业投资：来自市委书记更替的证据［J］. 管理世界（5）：116-130.

徐业坤，马光源，2019. 地方官员变更与企业产能过剩［J］. 经济研究，54（5）：129-145.

叶康涛，刘行，2011. 税收征管、所得税成本与盈余管理［J］. 管理世界（5）：140-148.

余东华，吕逸楠，2015．政府不当干预与战略性新兴产业产能过剩：以中国光伏产业为例［J］．中国工业经济（10）：53-68.

余明桂，回雅甫，潘红波，2010．政治联系、寻租与地方政府财政补贴有效性［J］．经济研究，45（3）：65-77.

于蔚，汪淼军，金祥荣，2012．政治关联和融资约束：信息效应与资源效应［J］．经济研究，47（9）：125-139.

于文超，何勤英，2012．政治联系、企业非生产性支出与生产效率：来自中国民营上市公司的证据［J］．投资研究，31（8）：82-95.

于文超，何勤英，2013．投资者保护、政治联系与资本配置效率［J］．金融研究（5）：152-166.

于文超，周雅玲，肖忠意，2015．税务检查、税负水平与企业生产效率：基于世界银行企业调查数据的经验研究［J］．经济科学（2）：70-81.

于文超，殷华，梁平汉，2018．税收征管、财政压力与企业融资约束［J］．中国工业经济（1）：100-118.

曾亚敏，张俊生，2009．税收征管能够发挥公司治理功用吗？［J］．管理世界（3）：143-151，158.

周黎安，刘冲，厉行，2011．税收努力、征税机构与税收增长之谜［J］．经济学（季刊），11（1）：1-18.

张峰，黄玖立，王睿，2016．政府管制、非正规部门与企业创新：来自制造业的实证依据［J］．管理世界（2）：95-111，169.

张峰，刘曦苑，武立东，等，2019．产品创新还是服务转型：经济政策不确定性与制造业创新选择［J］．中国工业经济（7）：101-118.

张会丽，吴有红，2012．超额现金持有水平与产品市场竞争优势：来自中国上市公司的经验证据［J］．金融研究（2）：183-195.

张三峰，张伟，2016．融资约束、金融发展与企业雇佣：来自中国企业调查数据的经验证据［J］．金融研究（10）：111-126.

赵云辉，张哲，冯泰文，等，2019．大数据发展、制度环境与政府治理效率［J］．管理世界，35（11）：119-132.

周定根，杨晶晶，赖明勇，2019．贸易政策不确定性、关税约束承诺与出口稳定性［J］．世界经济，42（1）：51-75.

钟粤俊，张天华，董志强，2019．政治联系会提高企业开工率吗?：基于中国私营企业调查的经验研究［J］．经济学报，16（1）：120-145.

周黎安，2017．转型中的地方政府：官员激励与治理（第2版）［M］．上海：格致出版社.

周黎安，刘冲，厉行，2011. 税收努力、征税机构与税收增长之谜［J］. 经济学（季刊），11（1）：1-18.

朱晶晶，张玉芹，蒋涛，2015. 银行业市场结构影响我国企业信贷约束吗？［J］. 财贸经济（10）：117-133.

英文文献

ADHIKARI A, DERASHID C, ZHANG H, 2006. Public policy, political connections, and effective tax rates: Longitudinal evidence from Malaysia [J]. Journal of accounting and public policy, 25 (5): 574-595.

ALLEN F, QIAN J, QIAN M J, 2005. Law, finance and economic growth in China [J]. Journal of financial economics, 77 (1): 57-116.

ALLEN F, QIAN Y M, TU G Q, et al., 2019. Entrusted loans: A close look at China's shadow banking system [J]. Journal of financial economics, 133 (1): 18-41.

AYYAGARI M, DEMIRGUC-KUNT A, MAKSIMOVIC V, 2010. Formal versus informal finance: Evidence from China [J]. Review of financial studies, 23 (8): 3048-3097.

BAKER S R, BLOOM N, DAVIS S J, 2016. Measuring economic policy uncertainty [J]. Quarterly journal of economics, 131 (4): 1593-1636.

BECK T, DEMIRGUC-KUNT A, MAKSIMOVIC V, 2004. Bank competition and access to finance: International evidence [J]. Journal of money, credit and banking, 36 (3): 627-648.

BENFRATELLO L, SCHIANTARELLI F, SEMBENELLI A, 2007. Banks and innovation: Microeconomics evidence on Italian firms [J]. Boston Collage Working papers in economics, 90 (2): 197-217.

BIALKOWSKI J, GOTTSCHALK K, WISNIEWSKI T P, 2008. Stock market volatility around national elections [J]. Journal of banking and finance, 32 (9): 1941-1953.

BONAIME A, GULEN H, ION M, 2018. Does policy uncertainty affect mergers and acquisitions? [J]. Journal of financial economics, 129 (3): 531-558.

BUTLER A W, CORNAGGIA J, 2011. Does access to external finance improve productivity? evidence from a natural experiment [J]. Journal of financial economics,

99 (1): 184-203.

CETORELLI N, STRAHAN P E, 2004. Finance as a barrier to entry: Bank competition and industry structure in local U. S. markets [R/OL]. (2004-10-01) [2021-07-29]. https: //www. nber. org/papers/w10832.

CHEN H W, TANG S, WU D H, YANG D G, 2020. The political dynamics of corporate tax avoidance: The Chinese experience [R/OL]. (2020-11-17) [2021-07-30]. https: //papers. ssrn. com/sol3/papers. cfm? abstract_ id =2640111.

CHI Q W, LI W J, 2017. Economic policy uncertainty, credit risks and banks' lending decisions: Evidence from Chinese commercial bank [J]. China journal of accounting research, 10 (1): 33-50.

CHONG B S, 2010. The impact of divergence in voting and cash-flow rights on the use of bank debt [J]. Pacific-basin finance journal, 18 (2): 158-174.

CHONG T T-L, LU L P, ONGENA S, 2013. Does banking competition alleviate or worsen credit constraints faced by small and medium-sized enterprises? Evidence from China [J]. Journal of banking & finance, 37 (9): 3412-3424.

CROWLEY M, MENG N, SONG H S, 2018. Tariff scares: Trade policy uncertainty and foreign market entry by Chinese firms [J]. Journal of international economics, 114: 96-115.

CUMMING D, RUI O, WU Y P, 2016. Political instability, access to private debt, and innovation investment in China [J]. Emerging markets review, 29: 68-81.

DAVIES R B, ECKEL C, 2010. Tax competition for heterogeneous firms with endogenous entry [J]. American economic journal: economic policy, 2 (1): 77-102.

DELIS M D, KOKAS S, ONGENA S, 2015. Bank market power and corporate performance [R/OL]. (2015-12-30) [2021-08-06] https: //icmaif. soc. uoc. gr/~icmaif/Year/2015/papers/paper_ 3_ 130. pdf.

DERASHID C, ZHANG H, 2003. Effective tax rates and the "industrial policy" hypothesis: Evidence from Malaysia [J]. Journal of international accounting, auditing and taxation, 12 (1): 45-62.

DESAI M A, DHARMAPALA D, 2009. Corporate tax avoidance and firm value [J]. Review of economics and statistics, 91 (3): 537-546.

DESAI M A, DYCK A, ZINGALES L, 2007. Theft and taxes [J]. Journal of financial economics, 84 (3): 591-623.

DEVEREUX M P, LOCKWOOD B, REDOANO M, 2008. Do countries compete over corporate tax rates? [J]. Journal of public economics, 92 (5-6): 1210-1235.

DI PATTI E B, DELL'ARICCIA G, 2004. Bank competition and firm creation [J]. Journal of money, credit and banking, 36 (2): 225-251.

DONG Z Q, WEI X H, ZHANG Y J, 2016. The allocation of entrepreneurial efforts in a rent-seeking society: Evidence from China [J]. Journal of comparative economics, 44 (2): 353-371.

FACCHINI G, LIU M Y, MAYDA A M, et al., 2019. China's "great migration": The impact of the reduction in trade policy uncertainty [J]. Journal of international economics, 120: 126-144.

FENG L, LI Z, SWENSON D L, 2017. Trade policy uncertainty and exports: Evidence from China's WTO accession [J]. Journal of international economics, 106: 20-36.

FISMAN R, WANG Y, 2015. The mortality cost of political connections [J]. Review of economic studies, 82 (4): 1346-1382.

FUNGACOVA Z, SHAMSHUR A, WEILL L, 2017. Does bank competition reduce cost of credit? Cross-country evidence from Europe [J]. Journal of banking & finance, 83: 104-120.

GAO N, LIANG P, 2016. Fresh cadres bring fresh air? Personnel control, institutions, and China's water pollution [J]. Review of development economics, 20 (1): 48-61.

GRAHAM J R, 2003. Tax and corporate finance: A review [J]. Review of financial studies, 16 (4): 1075-1129.

GULEN H, ION M, 2016. Policy uncertainty and corporate investment [J]. Review of financial studies, 29 (3): 523-564.

HADLOCK C J, PIERCE J R, 2010. New evidence on measuring financial constraints: Moving beyond the KZ index [J]. Review of financial studies, 23 (5): 1909-1940.

HANDLEY K, LIMAO N, 2017. Policy uncertainty, trade, and welfare: Theory and evidence for China and the United States [J]. American economic review, 107 (9): 2731-2783.

HASAN I, HOI C K, WU Q, ZHANG H, 2014. Beauty is in the eye of the beholder: The effect of corporate tax avoidance on the cost of bank loans [J]. Journal of financial economics, 113 (1): 109-130.

HUANG T, WU F, YU J, ZHANG B, 2015. Political risk and dividend policy: Evidence from international political crises [J]. Journal of international business studies, 46 (5): 574-595.

JIANG F X, JIANG Z, HUANG J C, et al., 2017. Bank competition and leverage adjustments [J]. Financial management, 46 (4): 995-1022.

JULIO B, YOOK Y, 2012. Political uncertainty and corporate investment cycles [J]. Journal of finance, 67 (1): 45-83.

KANG W, LEE K, RATTI R A, 2014. Economic policy uncertainty and firm-level investment [J]. Journal of macroeconomics, 39 (part A): 42-53.

KIM H, KUNG H, 2017. The asset redeployability channel: How uncertainty affects corporate investment [J]. Review of financial studies, 30 (1): 245-280.

KING R G, LEVINE R, 1993. Finance and growth: Schumpeter might be right [J]. The quarterly journal of economics, 108 (3): 713-737.

LEROY A, 2019. Bank competition, financial dependence and productivity growth in Europe [J]. International economics, 159: 1-17.

LEUZ C, NANDA D, WYSOCKI P D, 2003. Earnings management and investor protection: An international comparison [J]. Journal of finance economics, 69 (3): 505-527.

LEVINE R, LOAYZA N, BECK T, 2000. Financial inter-mediation and growth: Causality and causes [J]. Journal of monetary economics, 46 (1): 31-77.

LI W F, PITTMAN J A, WANG Z-T, 2019. The determinants and consequences of tax audits: Some evidence from China [J]. Journal of the American taxation association, 41 (1): 91-122.

LIM Y, 2011. Tax Avoidance, Cost of debt and shareholder activism: Evidence from Korea [J]. Journal of banking & finance, 35 (2): 456-470.

LIU Q, LUO W, RAO P, 2015. The political economy of corporate tax avoidance [R/OL]. (2015-12-30) [2021-08-01]. https://www.papers.ssrn.com/sol3/papers.cfm?abstract_id=2709608.

LIPSKY M, 1977. Toward a theory of street-level bureaucracy [M] // HAWLEY W, LIPSKY M. Theoretical perspectives on urban politics. Englewood Cliffs: Prentice-Hall.

LV X B, LANDRY P F, 2014. Show me the money: Interjurisdiction political competition and fiscal extraction in China [J]. American political science review, 108 (3): 706-722.

MASULIS R W，PHAM K P，ZEIN J，2011. Family business groups around the world：Financing advantages，control motivations and organizational choices [J]. Review of financial studies，24 (11)：3556-3600.

MCLEAN R D，ZHANG T Y，ZHAO M X，2012. Why does the law matter? Investor protection and its effects on investment，finance，and growth [J]. Journal of finance，67 (1)：313-350.

MIRONOV M，2013. Taxes，theft，and firm performance [J]. Journal of finance，68 (4)：1441-1472.

MOYNIHAN D，HERD P，HARVEY H，2015. Administrative burden：Learning，psychological，and compliance costs in citizen-state interactions [J]. Journal of public administration research and theory，25 (1)：43-69.

MYERS S C，MAJLUF N S，1984. Corporate financing and investment decision when firms have information that investors do not have [J]. Journal of financial economics，13 (2)：187-221.

PASTOR L，VERONESI P，2013. Political uncertainty and risk premia [J]. Journal of financial economics，110 (3)：520-545.

PERIA M S M，LOVE I，2015. How bank competition affects firms' access to finance [J]. World bank economic review，29 (3)：413-448.

PETERSEN M A，RAJAN R G，1995. The effect of credit market competition on lending relationships [J]. The quarterly journal of economics，110 (2)：407-443.

ROSENAU J N，1995. Governance in the twenty first century [J]. Global governance，1 (1)：13-43.

WANG Y Z，WEI Y L，SONG F M，2017. Uncertainty and corporate R&D investment：Evidence from Chinese listed firms [J]. International review of economics and finance，47 (1)：176-200.

WORLD BANK GROUP，2015. Doing business 2016：Measuring regulatory quality and efficiency [R/OL]. (2015-10-28) [2021-09-24]. https：//chinese. doingbusiness. org/zh/reports/global-reports/doing-business-2016.

WORLD BANK GROUP，2016. Doing business 2017：Equal opportunity for all [R/OL]. (2016-10-26) [2021-09-24]. https：//chinese. doingbusiness. org/zh/reports/global-reports/doing-business-2017.

WU Y，RUI O M，CUMMING D J，2014. Political capital，political environment and bank lending：An investigation of Chinese private entrepreneurial firms [R/OL]. (2014-05-02) [2021-08-08]. https：//papers. ssrn. com/

sol3/papers. cfm? abstract_ id=2431663.

WU L S, WANG Y P, LUO W, et al. , 2012. State ownership, tax status and size effect of effective tax rate in China [J]. Accounting and business research, 42 (2): 97-114.

XU N H, CHEN Q Y, XU Y, et al. , 2016. Political uncertainty and cash holdings: evidence from China [J]. Journal of corporate finance, 40: 276-295.

ZARUTSKIE R, 2006. Evidence on the effects of bank competition on firm borrowing and investment [J]. Journal of financial economics, 81 (3): 503-537.

ZHU J N, ZHANG D, 2017. Does corruption hinder private business? Leadership stability and predictable corruption in China [J]. Governance, 30 (3): 343-363.

后 记

政府治理的内涵丰富。政治学、社会学以及经济学领域的学者对政府治理的相关问题进行了富有成效的研究。地方政府在推动中国经济增长和转型中的关键作用毋庸置疑。从地方政府治理的视角理解中国经济发展的特征事实和典型现象，是当代经济学理论研究的重要话题。笔者从税收征管、金融发展、政策不确定性、政府人事变更等视角，考察地方政府治理活动对企业行为的影响，陆续形成了几篇学术论文并在经济学期刊上相继发表。本书是这些学术论文的整理和总结，在此感谢论文发表过程中审稿人和编辑提供的宝贵建议。实证论文的撰写需要耐心细致的数据收集和经验分析，更离不开论文合作者的支持和帮助。本书部分内容是教育部人文社会科学研究青年基金项目（项目编号：16YJC790129）的阶段性成果，在此感谢项目的支持和资助。

学术研究的过程是充满乐趣的，但有时难免会面临“百思不得其解”的困惑。幸运的是，身边优秀的同仁总能够提供有益启发。感谢梁平汉老师在论文写作过程中提供的悉心指导和诸位合作者的无私帮助，极大增强了我的研究热情和信心。感谢学识渊博的李树老师给我的启迪，他在我懈怠和蹉跎的日子里给予我鼓励。感谢何勤英老师一如既往的热心帮助。感谢毅霖、云森、赵锐、浩然等优秀同仁在文章写作中提供的宝贵建议和有益评论。感谢经济学院大家庭中各位同事对我教学科研活动的有力支持。

本书的写作过程充满了艰辛和乐趣，家人陪伴在我左右，给我营造了安静舒适的写作环境，他们是我幸福生活的源泉。

由于个人水平有限，书中难免会出现不妥和错漏之处，恳请广大读者不吝批评指正！

于文超

2021 年 7 月 29 日